끝도 경계도 없이

일러두기

· 규범 표기는 '콘셉트'와 '컬래버레이션'이 맞지만, 사용 빈도를 고려하여 '컨셉'과 '콜라보레이션'으로 표기하였습니다.

끝도 경계도 없이

국내 최고 브랜드 책임자
12인의 생존 문답

우승우 차상우 서범석 지음

위즈덤하우스

브랜드는 갖고 싶고, 가고 싶고, 사고 싶고,

경험하고 싶어야 해요.

결국 브랜드는 내가 더 멋지게, 더 트렌디하게 보일 수 있도록

표현하는 매개체가 되어야 한다고 생각해요.

어설픈 브랜딩, 어설픈 콜라보레이션,

어설픈 트렌드 따라 하기는 하지 않습니다.

깜짝 놀랄 만한 브랜딩, 세상에 없던 콜라보레이션,

그리고 한발 앞선 트렌드를 만들어야 합니다.

내가 하는 활동들이 그저 옷만 갈아입히는 것이 아닌,
브랜드의 체질을 진짜 진화시키는 방향으로
이끌어 나가고 있는지 스스로에게 묻습니다.

이전에는 매출로만 평가해,
정작 가장 중요한 '브랜드'에 대한 이야기는 하지 않았습니다.
그러다 보니 아무도 이야기하지 않는 잊힌
브랜드가 되어가고 있었습니다.

팀원들에게 저를 소개하면서
지금껏 실패한 제품들을 모두 보여줬어요.
무조건 성공해야 한다는 접근이 아니라
'실패를 두려워하지 않았으면 좋겠다'는 이야기를 합니다.

'항상 먼저 하자.'
마케팅과 브랜딩을 하는 사람은 잊지 말고
새겨야 한다고 생각해요.

좋은 브랜드는 곳곳에 많이 있어요.
다만 좋은 브랜드로 오래도록 생존하는 것은 무척 어렵습니다.
그래서 계속해서 생존해 있는 모든 브랜드를
좋은 브랜드라고 생각합니다.

브랜드는 결국 환경에 맞춰 변화하는 생물이라고 생각해요.

기획을 실행하기에 앞서 원점으로 돌아가

우리 브랜드의 아이덴티티에서

벗어나지 않는지 다시 점검하는 작업을 꼭 거칩니다.

브랜드의 철학과 근본 없이는

아이덴티티가 생길 수 없다고 믿기 때문입니다.

시간이 지날수록 브랜드만의 메시지가

겹겹이 쌓여서 더욱 명확하고 선명해지는 것이 중요합니다.

브랜드는 브랜드를 만드는 사람을 닮아간다

"당신은 어떤 브랜드인가요?"

국내 최대 브랜드 커뮤니티 비마이비BemyB가 만나는 이들에게, 함께하는 브랜드들에 던지는 질문이다. 최근 들어 개인도 하나의 브랜드가 되어야 한다고 이야기하면서, 퍼스널 브랜드에 대한 관심이 커졌음에도 이 짧은 질문에 답하기는 쉽지 않다. 브랜드 자산이 핵심 경쟁력이라 소개하고 브랜딩 전담 조직이 있는 기업 역시 이 질문에 답하기는 쉽지 않다.

비마이비는 지난 7년 동안 3만여 명의 멤버들과 함께 세션, 강연, 콘퍼런스, 여행, 팬 미팅 등 다양한 방법으로 500여 개의 브랜드와 함께 성장을 도모하면서 이 질문을 끊임없이 던져왔다. 비마이비가 그토록 이 질문에 집착하는 이유는 무엇일까? 브랜드에 중요한 핵심 가치들이 이 한 줄에 녹아 있기 때문이다. 질문에 답을 하냐 못 하냐 하는 문제를 넘어서, 자신만의 언어로 명확하게 답을 해 나가는 과정에서 그동안 브랜드에 대해 가졌던 고민과 생각들을 명확히 할 수 있기 때문이다.

　브랜드는 그 어느 때보다 많은 관심을 받고 있다. 브랜드라는 것이 멋진 이름을 짓고 예쁜 로고를 만드는 것이라는 단순한 생각에서 벗어나, 사업의 성패에 중요한 역할을 끼치는 핵심 경쟁 요소라는 적극적인 인식이 널리 퍼지고 있다. 그런 만큼 브랜드 관련 콘텐츠나 책이 많아지고 있다. 이들은 대부분 학계나 업계 관계자들의 책으로, 이론에만 초점을 맞추거나 개인적 경험에 집중하는 경향이 있다.

　《끝도 경계도 없이》가 주목한 것은 바로 이 부분이다. 많은 사람들이 알고 있고, 사업적으로도 업계에 큰 영향을 끼치고 있는 대기업이나 글로벌 기업의 브랜드 리더들의 생각이 궁금했다. 눈에 띄는 성과를 내고, 모두가 부러워하는 경력을 쌓고 있음에도 이런저런 이유로 외부에 알려지지 않은 브랜드와 브랜딩의 고수들 말이다. 이들과 탄탄한 브랜드 네트워크를 갖춘 비마이비는 이를 위해 실제 현장에서 성과를 만들어내는 동시에 업계는 물론 사회 전반적으로 모범이 될 만한 선수(?)들을 찾아 나섰다. 뿐만 아니라 뉴스레터 마이비레터를 통해 깊이 있는 질문을 던져 다양한 경험을 찾아내고 이를 바탕으로 의미 있는 통찰을 얻었다. 만나기 쉽지 않은 경험을 기록하고, 쉽게 발견할 수 없는 인사이트를 찾아냈다.

브랜드 업계에서는 브랜드를 사람에 비유하곤 한다. 브랜드가 만들어지고 성장하다가 궁극적으로 사라지는 과정이 사람의 인생과 닮았다는 의미이기도 하지만, 브랜드와 사람을 떨어트려 설명할 수 없다는 의미이기도 하다. 실제로 우리 주변의 브랜드들을 살펴보면 사람과 닮았다는 것을 쉽게 이해할 수 있을 것이다. 이 브랜드를 만든 창업자는 어떤 스타일일지, 어떤 특성을 지닌 대표가 만든 브랜드의 특징은 어떠할지 어렵지 않게 가늠할 수 있다. 브랜드를 만든 사람의 생각과 철학은 그 브랜드에 반영되기 마련이고, 브랜드가 성장하는 과정은 그 브랜드를 만든 사람과 닮아갈 수밖에 없다.

브랜딩 업계의 고수 12명을 만나 묻고 또 묻는 과정을 담은 책《끝도 경계도 없이》는 브랜드와 사람을 동시에 탐구한다. 어떤 과정을 통해서, 어떤 어려움을 이겨내면서 브랜드를 론칭하고 키워냈는지 그 과정은 물론이고, 그러한 결과물을 만들기 위해서 일상에서 어떤 노력을 하고 어떤 삶의 태도를 가지고 있었는지에 대한 기록과 통찰이 담겨 있다.

브랜드 커뮤니티는 물론 커뮤니티라는 개념조차 생소했던 2017년에 선보인 국내 최초의 브랜드 커뮤니티이자 국내 유일의 브랜드 경험 플랫폼인 비마이비가 7주년을 맞이하여 발간한 이 책을 통해 브랜딩 업계에 몸담은 사람들은 물론 자기만의 브랜드를 만들고 키워 나가고 싶은 모든 이들이 아래와 같은 질문을 스스로 던지고 자신만의 해답을 찾아가기를 바란다.

"당신은 어떤 브랜드인가요?"

우승우
더워터멜론 공동대표, 비마이비 공동창립자

차례

기존 시장에 없던
스토리텔링을 만들다

윤종혁   롯데칠성음료 주류마케팅부문장

"기존 주류 시장의 판을 깨기 위해서는 1부터 100까지 차별화해야 한다는 확고한 믿음으로 모든 걸 바꾸겠다고 다짐했죠."

주류업계에서만 22년 동안 일해온 윤종혁 부문장.

2000년 두산주류BG에 입사한 후 2009년 롯데칠성이

두산주류BG를 인수하면서 이후 롯데칠성음료에서 그 업을 이어왔다.

주류마케팅2팀장, 주류브랜드전략팀장, 소주BM팀장을 거쳐

'새로' 소주 개발 과정에서 선도적인 역할을 했다.

2022년 10월 주류마케팅부문장으로 임명된 후

같은 해 12월 임원으로 승진했다.

'제로'에서 시작한 제로 소주, '새로'의 본질

롯데칠성음료는 어떤 브랜드인가요?

———

고객에게 가장 가까운 친구 같은 브랜드라고 생각합니다. 어렸을 때 마시던 생수, 주스, 사이다, 콜라부터 성인이 되어 마시는 소주, 맥주, 청주, 위스키까지 마시는 것과 관련해서 평생 함께하기 때문입니다.

최근 롯데칠성음료는 어떤 부분에 가장 관심을 기울이고 있나요?

———

국내 시장은 인구 고령화, 소비 양극화 등으로 인해 녹록지 않은 상황입니다. 소비자의 기호는 다양해지고 선택의 폭은 넓어졌지요. 이러한 시장 상황을 감안할 때 핵심 브랜드의 경쟁력을 키우고 헬시 플레저Healthy Pleasure(즐거운 건강 관리)와 같은 새로운 소비 트렌드를 누구보다도 빠르게 예측해 읽고 대응하는 것이 중요하다고 보고 있습니다.

최근 국내 주류 시장에 큰 변화가 있었습니다. 레트로 열풍이 불었고, 증류식 소주도 인기를 끌었지요. 이렇게 변화가 많고 경쟁이 치열한 주류 시장의 판을 바꿨다고 해도 과언이 아닌 새로이 등장한 '처음처럼 새로'(이하 새로)가 판매 1,250억 원 (2023년 기준)을 돌파하며 시작에 안착할 수 있었던 비결은 무엇인가요?

———

'새로'는 2006년 '처음처럼'을 출시한 이후 16년 만에 선보인 신제품이에요. 야심차게 준비했지만 솔직히 이렇게까지 많은 사랑을 받을 거라고는 기대하지 못했습니다. 최초 목표는 경쟁 제품 시장점유율의 10분의 1만 가져오는 거였어요. '새로'는 초록색 병으로 상징되는 소주 시장에서 경쟁사가 다른 형태의 패키지를 출시한 것을 계기로 나오게 되었어요. 제품의 성분, 맛, 포장, 광고, 마케팅 전략 등을 치열하게 고민했습니다. 기존 방식을 철저하게 배제하고 제로부터 시작했지요. 그러느라 시간이 꽤 걸렸는데, 좋은 결과로 이어진 것 같아 다행입니다.

기존 방식을 철저하게 배제했다는 게 구체적으로 어떤 것일까요? '새로'가 세상에 나오기까지의 비하인드 스토리가 궁금합니다.

———

기존 소주 시장에서 차별화될 수 있는 '새로'만의 새로운 레시피를 개발했습니다. 시장의 흐름을 살펴보니 건강에 대한 관심이 커지면서 '제로 슈거'에 대한 수요가 높아지는 걸 발견했어요. 특히 탄산음료 시장에서 관련된 제품들이 줄줄이 출시되고 있었죠. 소주 시장에서도 이를 차별화 포인트로 적용해볼 수 있겠다는 생각이 들었습니다. 성장 가능성과 확장성이 충분해 보였어요. 고민한 결과, 기존 브랜드로 제로 슈거 제품을 출시하는 것보다 새로운 브랜드의 제품으로 출시하는 게 낫다고 판단했습니다.

건강과 맛을 동시에 잡아 특히 MZ세대의 취향에 맞춘 소주라는 평을 듣고 있습니다. '새로'를 출시한 뒤 소위 말하는 '이거 되겠다'라는 느낌이 왔던 순간이 있었나요?

———

제품을 시장에 선보이기 전, 주류 도매상들에게 공개하는 게 일반적입니다. 보통 긍정과 부정의 반응이 섞여 있게 마련인데, '새로'에 대한 반응은 긍정 일색이었어요. 사실 판매자의 입장에서는 취급 품목이 많아지면 부담스러울 수밖에 없는데, 기존 형태에서 완전히 벗어난 '새로'가 소주 시장의 판을 흔들 수 있다고 판단한 것 같아요.

기프트 세트를 만들어 인플루언서, VIP에게 나누어주기도 했는데, 그 반응이 색달랐습니다. 전통 도자기 모양을 현대적

인플루언서와 VIP에게 증정한 '새로' 기프트 세트.
독특한 디자인과 구미호 스토리텔링으로 한국적인 미를 담아냈다.

으로 해석한 디자인과 한국적인 정서를 녹여낸 구미호 일러 스트가 포인트인 '새로' 기프트 세트는 녹색 병 소주에 익숙한 40대보다 20~30대 젊은 층에게 큰 인기를 얻었습니다. 이 두 가지 사례로 '새로'를 세상에 선보이기 전, 새로운 브랜드의 성 공 가능성에 확신을 갖게 되었습니다.

스토리텔링, 주류의 새로운 크리에이티브를 쓰다

공개한 지 3개월 만에 유튜브 조회수 1,355만 회를 달성하며 화제가 된 '새로' 광고 이야기도 빼놓을 수 없을 것 같은데요. 특히 주류 브랜드는 좋아하는 연예인이 모델인 제품을 선택하 는 소비자가 많은 만큼 광고 모델에 대한 민감도가 높은 편입니 다. 그런데 '새로'는 유명 광고 모델이 아니라 구미호를 소재로 한 스토리 영상을 공개했어요. 이렇듯 스토리텔링에 집중한 이 유는 무엇인가요?

―――

'새로' 광고엔 처음부터 빅 모델 전략이 없었습니다. 기존 주류 광고의 접근 방식이 소주 시장에서 유효한지 거듭 고민 했고, 그 결과 '회자되는 이야기'를 만들어야겠다는 결론을 내렸습니다. 우리나라 사람들은 전 국민의 반이 '술 전공자'라고 말할 만큼 술에 대해 잘 알고 자기 취향이 확실하지요. 이렇듯 강력한 취향을 넘어설 만큼 흥미로운 이야깃거리를 던지며 '왜 이렇게까지 해?'라는 말이 나올 정도로 과감하게 접근했습니다.

광고 속 구미호 캐릭터는 '새로구미(새로+구미호)'로 불리며 남녀 동물 캐릭터로 변할 수 있습니다. 더 이상 살생하지 않는다는 설정에 빌런과의 대결 구도를 더해 흥미를 유발했습니다. 이후 선보인 신제품 '새로 살구'의 경우, '새로구미' 내부에 존재하는 남녀 캐릭터가 어떻게 하나가 되었는지 보여주는 1,000년 전 애절한 러브스토리로 콘텐츠를 구성했습니다. 둘의 영원한 사랑의 매개체로 살구를 등장시켜 '새로 살구'와 '새로'의 연결고리를 만들었지요. 이처럼 앞으로도 '새로'만의 독특한 세계관을 구축할 계획입니다.

구미호 캐릭터를 중심으로 매력적인 브랜드 스토리를 그려냈습니다. 이렇게 멋진 캐릭터는 어떻게 만들 수 있으셨나요?
———

구미호 외에도 도깨비, 해태 등 '새로'에 어울릴 만한 다양한 한국 전통 캐릭터를 고려했습니다. 결론적으로 각 주종마다 자연스레 떠오르는 이미지에서 그 힌트를 얻었어요. 맥주는 가볍고 즐거운 이미지, 위스키는 묵직한 이미지가 떠오릅니다. 소주는 기쁠 때도 슬플 때도 마시는, 즉 희로애락이 담겨 있는 복합적이면서도 우리 일상과 가장 밀접한 이미지이지요. 이런 면에서 다양한 모습으로 변신하는 구미호와 가장 잘 어울린다는 결론을 내렸습니다. 구미호라는 상징이 단편적인 광고를 넘어 하나의 세계관을 형성하는 데 큰 역할을 할 것이라는 생각도 들었고요. 유명 모델을 기용하는 기존 주류 광고와 달리 애니메이션 형식이라 '낯설다'는 내부의 우려가 있었으나 막상 공개하니 긍정적인 반응을 얻었습니다.

주류 시장에서 진정한 강자가 되기까지

'새로' 이전에도 스파클링 와인을 블렌딩한 '별빛 청하'가 MZ 세대에게 큰 인기를 끌었습니다. 기존 상품을 변주해 '별빛 청하'를 만들게 된 계기가 있을까요?

―――

청주 브랜드 '청하'는 조금씩 꾸준히 성장해왔어요. 술을 잘 못하거나 처음 술을 접하는 사람들이 깔끔한 맛에 찾거나, 해산물과 잘 어울려 인기를 얻은 주류죠. '청하'는 그동안 캐시카우

Cash Cow 역할을 톡톡히 해왔지만, 미래를 내다보고 브랜드를 더욱 활성화하기 위해 '별빛 청하'를 만들게 되었습니다. 2030 여성으로 타깃을 좁히고 와인 시장이 확장되고 있다는 점을 고려해 스파클링 와인을 블렌딩한 '별빛 청하'로 더욱 친근하게 다가갔죠. 조직 관점에서 보면 음료 시장의 한 부분을 차지하고 있다는 점이 시너지를 냈다고 생각합니다. 음료 시장과 주류 시장의 특성을 잘 융합한 것이죠.

> 미각을 통해 브랜드를 경험한다는 제품적인 특징, 그리고 저관여 제품이라는 점을 고려했을 때, 주류 브랜드에서만 통하는 성공 공식이 있을 것 같아요.

———

주류 브랜드는 이야깃거리가 있어야 합니다. 술과 이야기는 떼려야 뗄 수 없는 관계이지요. 술을 마시는 상황에서 이야깃거리를 만들어주어야 해요. 과거 사례를 보면, 맥주 브랜드 '하이트'는 '암반수'라는 건강하고 청량한 RTB Reason To Believe 요소를 던졌고요. '테라'는 '테진아(테라+진로이즈백)', '테슬라(테라+참이슬)'같이 취향대로 놀거리를 제공했지요. 이처럼 소비자가 즐길 수 있는 장치를 심어놓아야 해요. 별다른 노력 없이 단순히 비슷한 내용물과 포장으로 시장점유율 경쟁을 벌인다면 그 시장에서 절대로 이길 수 없습니다.

더욱 발전하는 주류 브랜드가 되기 위해 어떤 점을 개선해야 한다고 생각하시나요?

———

주류 산업에 오래 몸담다 보니 이 산업 자체를 키우기 위해서는 먼저 농업 등 인프라 개발을 통해 선순환이 이루어져야 한다는 생각을 많이 합니다. 술은 원료가 당류나 곡류 같은 탄수화물인데, 사실 우리나라에서 유통되는 대부분의 술은 수입산 원료를 사용하거든요. 국산 맥아를 활용하거나 홉을 개발하는 등 국산 원재료를 활용한 제품을 만들고 싶지만 쉽지 않은 게 현실이에요. 이를 뒷받침하는 인프라가 우선적으로 개발되어야 한다고 보고 관련된 프로젝트 아이템들을 생각하고 있습니다.

'청하'와 톡톡 튀는 스파클링 와인이 만나 '별빛 청하'가 탄생했다.

롯데칠성음료에서 일한다는 것

주류 산업에만 20년 넘는 시간을 몸담아오셨는데요. 한 분야에서 이렇듯 오랫동안 일해오셨으니 해당 분야에 대한 다양한 경험을 쌓으셨을 것 같아요. 그토록 오랜 시간 동안 어떤 일들을 해오셨는지 궁금합니다.

주류 회사에서만 22년째 일하고 있어요. 화학공학을 전공해서 입사할 당시에는 생산 쪽에 있었지요. 이후 영업에서 10년, 마케팅 쪽에서 10~12년 정도 일하며 브랜드와 조금 더 밀접한 업무를 하게 되었습니다. 영업 현장에서 소비자들과 직접 만나며 경험했던 것들을 실제로 제품 개발과 마케팅에 반영하고 싶어서 마케팅 부서에 자원했습니다. 흔치 않은 경우이지요. 이렇듯 여러 영역에서 일하다 보니 제품과 채널 등 종합적인 범위에 대한 이해도가 높은 편이에요. '클라우드 맥주'와 '처음처럼' 브랜드 팀장으로 일하다가 2022년 10월부터 주류 마케팅부문장을 맡게 되어 소주, 맥주, 청주, 위스키 등 다양한 주종 브랜드를 전체적으로 관리하고 있습니다.

국내 음료 및 주류 시장을 이끌고 있는 '롯데칠성음료'에서 일한다는 건 어떤 의미일까요?

―――

매출과 시장점유율 등 숫자적인 면에서만 시장을 선도하고 있다고 생각하지 않습니다. 어떻게 하면 소비자의 마음을 더욱 세심하게 읽고 만족시킬 것인가에 중점을 두고 있어요. 롯데칠성음료는 이를 위한 노하우와 실력, 그리고 시스템을 다 갖춘 회사라고 자부합니다. 그럼에도 불구하고 현재에 만족하지 않고 더 좋은 제품과 서비스를 제공하기 위해 끊임없이 고민하고 있지요.

주류 시장을 이끌면서 빠르게 변화하는 트렌드와 소비자의 니즈에 반응하는 건 상당한 노력 없이는 불가능할 것 같습니다. 부문장님만의 시대를 바라보는 시선과 감각을 기르는 방법이 궁금합니다.

―――

특정 노하우나 트렌드를 알기 위해 노력한다기보다 평소에 유튜브나 SNS 등 다양한 콘텐츠를 분석하고 있습니다. 여기서 얻은 아이디어를 적용해 브랜드의 메시지를 녹여낸 콘텐츠 등을 기획하거나 새로운 시도를 하고 있어요. 짧은 시간에 가능한 한 많은 정보를 얻고 알고리즘에 갇히지 않기 위해 숏

폼이나 콘텐츠를 2배속으로 시청하고, 다양한 키워드를 검색해 트렌드를 놓치지 않으려고 노력합니다. 뿐만 아니라 저는 해보지 않은 것들에 관심이 많고 도전하는 걸 좋아하는 편이에요. 팀원들에게도 새로운 것을 시도하고 많이 경험해보라고 추천하지요. 오후에는 사무실 밖에 나가보라는 이야기도 많이 하고요. 현장에서 직접 부딪히고 경험해봐야 알 수 있는 게 있거든요. 프레젠테이션만 잘한다고 유능한 마케터라고 하긴 어렵죠.

팀을 이끄는 부문장님이 생각하는 좋은 리더상이 있으실 텐데요. 부문장님은 어떤 리더이신가요? 조직에서 바라는 좋은 리더가 되기 위해서 꼭 지키고자 하는 원칙이나 기준이 있다면 무엇일까요?

————

무엇보다 솔직해야 된다고 생각해요. 업무에 관한 칭찬이나 아쉬움은 정확하게 표현하는 편이에요. 처음엔 피드백하는 것이 어려웠는데 직급이 높아질수록 명확하게 말해주는 것이 필요하더라고요. 저는 특히 "미안해. 아빠도 아빠가 처음이야"라는 말을 좋아하는데요. 저도 부문장은 처음이에요. 그래서 미안한 부분도 있지요. 권위 없어 보인다고 할 수도 있지만, 저에게는 이렇게 솔직하게 내려놓는 방식이 더 잘 맞는 것 같아요.

주류 산업에서 열심히 고군분투하고 있는 후배들에게 한마디
해주신다면요?

―――

주류 부문장이 되고 팀원들에게 저를 소개할 때 지금껏 마
케팅 업무를 하면서 실패했던 제품들을 모두 보여줬어요. 주
류 산업은 빅 브랜드 위주로 흐르다 보니 성공하기가 정말 어
렵거든요. 무조건 다 성공해야 한다는 접근법이 아니라 '실패
를 두려워하지 않았으면 좋겠다'는 이야기를 했어요. 제품화
하는 과정에서 한계에 부딪히기도 하고, 제품을 시장에 출시
하기 전 두려움에 휩싸이는 직원들을 볼 때면 실패한 경험이
아니라 도전했던 경험을 인사 평가에 긍정적으로 반영할 거라
고 이야기해줍니다. 실패도 빨리 해보라고요. (웃음) 저 역시
끊임없이 도전할 기회를 주고 이해하고 수용해주었던 조직 문
화 덕분에 여기까지 성장할 수 있었거든요.

좋은 브랜드란 무엇일까요? 좋은 브랜드가 되기 위해선 어떤
것을 갖추어야 할까요?

―――

어떤 상황에서도 흔들리지 않는 브랜드가 좋은 브랜드라고
생각합니다. 시장 상황은 좋을 때도, 좋지 않을 때도 있기 때문
에 브랜드가 정의한 아이덴티티, 보유한 자산을 유지하는 것이

무엇보다 중요해요. 필요에 의해 변화하는 게 단기적으로 효과적일 순 있어도 결국 브랜드가 망가지게 되더라고요. 브랜드를 유지하기 위해서는 강단이 있어야 하고 브랜드를 지키려는 노력을 꾸준히 해야 합니다. 이를 이해하고 지지해주는 동료도 중요하지요.

최근에 눈여겨보고 있는 브랜드가 있으신가요?

———

딸과 즐겨 가는 곳이 있어요. 바로 다이소예요. 특별한 마케팅 활동을 하지 않고 단순히 저렴한 물건을 다양하게 파는 곳이라고 생각했는데, 의외로 취향 저격하는 아이템들이 많더라고요. 요즘 어린 친구들이 노는 코스에 인생네컷, 마라탕, 그리고 다이소가 꼭 들어간다잖아요. (웃음) 단순히 저가 제품을 공급한다는 1차원적인 면에서 벗어나 바라보니 최근 트렌드를 녹여낸, 소비자 마음을 꿰뚫어보는 아이템들이 많아서 시간 가는 줄 모르겠더라고요.

'윤종혁'이라는 브랜드는 어떤 브랜드인가요?

———

브랜드로 표현하기는 좀 그렇지만 '꾸준함'으로 저를 표현할 수 있을 것 같아요. 한결같다는 말로 표현할 수도 있겠네요.

회사에서도 '윤종혁은 원래 저런 친구야'라는 말을 많이 듣습니다. 지금까지도 그래 왔고 앞으로 자리가 바뀐다고 해도 제 모습은 항상 꾸준할 것 같습니다.

단일 품목으로
조 단위 매출을 기록하다

김숙진　　　　　　　　　　　　　　CJ제일제당 경영리더

"비비고가 전달하고 싶은 '정성'이라는 메시지를 직접 경험하게 하고 싶었습니다. 그래서 우리의 메시지를 일방적이고 간접적으로 상상하게 하는 것이 아니라, 실제 오감으로 경험할 수 있는 공간과 음식을 만들어 콘텐츠를 직접 생산하고 공유하도록 했어요."

김숙진 경영리더는 비비고 브랜드그룹장을 맡았었다.
이는 만두를 비롯해 김치, 국물 요리, 죽, 한식 반찬, 생선구이 등
비비고 제품군 전체의 전략을 총괄하는 핵심 직책이다.
한식 문화를 세계에 전파한다는 사명감으로 비비고 브랜드를
지속적으로 진화하고 혁신하여 한식 문화,
나아가 한국의 국격을 높이는 데 기여하기 위해 노력하고 있다.

만두를 보다
재미있게

CJ제일제당은 어떤 브랜드인가요?

CJ제일제당은 개별 브랜드가 아니라 기업 브랜드입니다. 미션과 비전으로 CJ제일제당이 어떤 기업이 되고자 하는지 설명드릴 수 있을 것 같아요. 미션은 'only one(유일한) 제품과 서비스로 최고의 가치를 창출해 국가 사회에 기여한다'이고요, 비전은 '건강, 즐거움, 편리를 창조하는 글로벌 생활문화기업' 입니다. 국내에서는 1953년부터 비비고, 햇반, 백설, 고메 브랜드와 다양한 식품 사업군으로 국민들의 식탁을 책임지고 있고, 전 세계적으로는 비비고 브랜드를 중심으로 한식 문화를 더 맛있고 즐겁게 전파하고 있습니다.

최근 CJ제일제당이 가장 관심을 기울이고 있는 영역은 무엇인가요?

글로벌 사업 확대와 지속가능성입니다. 한식은 이제 전 세계 모든 국가에서 인지하고 선호하는 식문화가 되었습니다. 시장이 열린 만큼 한식 문화를 빠르게 전파하는 데 CJ제일제당의 차별적인 기술이 집약된 비비고 브랜드로 기여하고자 합니다. 지속가능성은 지속가능한 환경(기후변화 대응, 친환경 소재 활용), 웰니스와 안전(건강·영양 증진, 안전한 식품), 사람과 커뮤니티(다양성·공정성·포용성을 기반한 유연한 문화, 지속가능한 공급망) 이렇게 세 가지 정책으로 지속가능 경영을 중장기적인 관점에서 추구하고 있습니다.

> '도깨비 만두바' 등 비비고는 기존과 다른 타깃을 만나기 위해 활발히 움직이고 있는데요. '색다른 경험을 통해 고객을 적극적으로 만나야겠다'라고 결정한 특별한 계기가 있었나요?
> ——

사실 제가 비비고 브랜드를 맡은 것은 이번이 세 번째예요. 처음 비비고와 만난 것은 2013년인데, 가수 싸이와 비비고 브랜드 론칭 캠페인을 했지요. 당시 K-팝 가수 중 가장 널리 알려진 가수는 단연 '강남스타일'의 싸이였기 때문에 제품의 인지도를 위해서는 그와 함께하는 것이 자연스러웠어요. 2018년 냉동 사업 전체를 맡으며 '비비고·고메' 브랜드의 포트폴리오가 진화할 수 있도록 한 게 두 번째 만남이에요. 그리고 2022년, 2년 만에 비비고 브랜드로 다시 돌아왔을 때는 브랜드에 변화가 필요한 상황이었어요.

비비고의 글로벌 사업에 대한 좋은 소식이 많이 알려졌기 때문에 외부에서는 모를 수도 있지만, 내부와 업계 관계자들 사이에서는 비비고에 한 번 더 진화와 혁신이 필요한 시기라는 말이 들려왔어요. 이를 위해 다양한 조사를 하고 한 달 동안 내외부 관계자들을 만나고 다녔습니다. 미래 고객인 Z세대와 바이어의 목소리가 가장 기억에 남았어요. 고객이 있는 곳으로 직접 나아가야겠다고 절실하게 느꼈죠.

"비비고는 엄마가 사는 브랜드예요. 제 브랜드가 아닌 것 같아요"라고 Z세대가 말했습니다. 또 마켓컬리 바이어는 "비비고는 마트 브랜드잖아요"라고 이야기해줬어요.

지금 당장 뭔가 바꾸지 않는다면 우리 브랜드에 미래가 없을 수도 있겠다는 위기감이 들었습니다.

브랜드 내부적으로는 어떤 고민을 했고, 이를 해소하기 위해 어떤 변화를 시도하셨나요?

———

비비고가 내세우는 '정성'이라는 메시지를 소비자가 직접 경험하게 하고 싶었습니다. 그래서 우리의 메시지를 일방적이고 간접적으로 상상하게 하는 것이 아니라 오감으로 경험할 수 있는 공간과 음식을 만들어 콘텐츠를 직접 생산하고 공유하도록 했어요. 왜 진작 이런 경험을 주지 못했냐고 생각하는 분도 있으실 거예요. 사실 마케팅 활동에 대한 성과 분석

시스템이 합리적으로 구축된 곳이 드문데, 우리도 마찬가지였어요. 과정에 대한 지표로 성과를 검증하고, 그에 따라 계획을 세우고 집행했죠. 그러다 보니 마케팅 인프라나 소비자의 행동과 태도가 상당히 변했는데도 의사결정 구조와 KPI Key Performance Indicator(핵심성과지표) 시스템을 변경하는 것이 어려웠어요.

무엇보다 기존 대기업들에 익숙한 방식에서 벗어나야 한다고 생각했어요. 대기업에서는 책정된 광고비가 대부분 ATL Above The Line(TV, 신문, 라디오 등 전통적인 매체)에 사용돼요. 당시 2~3년간 소위 광고 매체에 노출된 타깃 비율 등 과정 지표는 다 KPI를 초과 달성했는데, 실질적으로 브랜드 자산을 측정하는 조사에서는 비비고 브랜드가 질적으로 나아졌다는 게 보이지 않았어요. 소비자나 업계 관계자들을 만났을 때도 비비고의 존재감이 전혀 크지 않았죠. 요즘 주목해야 하는 브랜드에 비비고라는 브랜드는 아예 없는 것 같았어요.

2022년부터는 정량적으로 검증된 것이 아니더라도 정성적 지표인 고객 만족도와 업계 평가, 그리고 온라인 환경에서의 바이럴 수와 영향력까지도 성과로서 인정받고 있어요.

비비고 만두의 사명은 소비자에게 더욱 감동을 주는 제품으로 혁신하고, 가능한 기술을 개발해 국내 및 전 세계 만두 시장을 선도하는 것입니다. 물론 CJ제일제당은 제조사이기 때문에 기본적으로 R&D(연구개발) 및 제조 역량을 혁신해야 하지만, 만두를 즐기는 경험의 혁신에도 기여해야 한다고 생각합니다.

그 새로운 소통 방식으로 '팝업스토어'를 선택하신 이유도 궁금합니다.

———

보통 만두라고 하면 어떤 이미지가 떠오르시나요? 편하게 즐기는 맛있는 음식이라는 이미지일 뿐, 문화적으로 경험하고 싶은 '욕망'을 불러일으키지는 않잖아요. 그런데 딤섬은 다릅니다. 미쉐린 가이드에 선정된 한남동의 '쥬에'에 가서 딤섬을 먹고 사진 찍는 행위 자체가 무척 기분이 좋은 것처럼요. '왜 우리가 평소에 먹는 한식 만두는 그렇게 될 수 없을까?' 고민했어요. 업계 리더로서 이 물음에 답을 찾고 싶었습니다.

이 문제를 힙하게 풀어보자는 과제를 고민하고 있었는데, 제주맥주에서 재미있는 제안을 해왔어요. '우리의 가맥(가게+맥주) 문화를 전 세계에 같이 널리 알려보자!'라고 하더군요. 제주맥주는 '연남동 제주동'으로 팝업을 워낙 잘 기획했던 브랜드라서 비비고 만두와 같이 경험 공간을 만들면 재미있는 기획이 될 것 같다는 직감이 들었어요. 그렇게 '도깨비 만두바'가 탄생했습니다.

서로 브랜드를 알리지 않고, Z세대에게 재밌고 특별한 경험을 줄 수 있는 컨셉이 필요했어요. '놀고 즐기다 보니 비비고였네'라는 경험만 남기자고 최종 합의를 하고 공간을 설계했습니다. 접점이 없을 것 같은 비비고와 제주맥주의 색다른 만남을 컨셉으로 잡았어요. 한국적인 캐릭터 중 방망이로 때리면 뚝딱 변하거나 무엇이 나올지 모르는 도깨비 이미지가 색다른 만남으로 새로운 경험을 주려는 우리의 의도를 가장 잘 설명할 수 있을 거라고 생각했어요.

　우리 브랜드가 제공하는 공간에서 소비자가 즐기고 감동하는 모습을 직접 보면, Z세대와의 소통은 팝업스토어를 빼놓고 얘기할 수 없다는 생각이 들어요. 그전에는 저도 '팝업이 무슨 소용이야'라고 생각했는데, 저도 모르게 사진을 찍고 먹고 만지고 현장의 사람들과 대화하고 있더라고요. 제가 느낀 것을 다른 곳에서 자발적으로 얘기하고 SNS에 업로드하는 과정을 경험해보니, 소비자와 소통하는 방식이 예전과는 크게 달라졌고 이것을 수용하는 것이 맞다는 생각이 들었어요.

다양한 곳에서
정답을 찾다

'도깨비 만두바 프로젝트'를 통해 스타트업 혹은 스몰 브랜드와
협업하면서 특별히 배우신 게 있을까요?

———

배운 것이 엄청 많아요. 제 생각이 크게 달라진 계기가 되었
지요. 그동안 팀원들에게 동기부여를 많이 해줘야 했어요. 이
일이 왜 의미 있고, 이 일을 통해 얼마나 성장할 수 있는지 등을
논리적으로 설득해야 했는데, 팝업스토어는 그럴 필요가 없었
어요. 제가 오지 말라고 해도 이미 현장에 와 있고, 주말에도 나
오는 모습을 보고 놀랐어요. 자발적으로 야근까지 불사하며 디
자인을 검수하고 방문객이 몇 명인지 누가 시키지 않아도 체
크하더라고요. 다들 왜 이러나 싶을 정도였어요. (웃음) 이렇게
스스로 동기부여하는 모습을 보며 놀라기도 했고, 많은 생각이
들었습니다. 조직을 관리하는 입장에서 흐뭇하기도 했죠.

제가 개인적으로 중요하게 생각하는 게 있어요. 과거에 우
리는 일에 많은 시간을 쓰며 집과 회사의 경계가 거의 없었는
데, 이 행위의 의미가 단지 돈 버는 데만 있다고 보면 힘이 빠
지지요. 사회적으로 기여할 수 있으면서도 회사에 기여할 수
있는 전략을 짜고 이를 실행해야 우리 존재의 의미가 더해진

도깨비로 브랜드 경험을 높인 '도깨비 만두바' 팝업 외관.

다고 생각합니다.

전략이 실행되고, 실행이 성과가 되고, 성과가 내부 문화로 자리 잡는다는 흐름이 정말 흥미롭습니다. '도깨비 만두바'와 동시에 비비고 곰탕과 국밥으로 미쉐린 가이드에 선정된 '옥동식'과도 콜라보레이션을 진행하셨는데요. 콜라보레이션 파트너를 정하는 기준이 궁금합니다.

———

비비고 혼자 전략을 수립하고 실행하는 것보다는 우리의 목표와 비전을 공유할 수 있는 외부 브랜드들과 같이 발전을 도모하는 것이 의미 있다고 생각했습니다. 특히 역량적으로 우리가 도움을 받을 수 있는 부분도 많았어요. 모든 것을 혼자서 하는 시대는 지났습니다. 같은 꿈을 꾸는 브랜드들이 그 꿈을 함께 실현하려다 보면, 그 방법도 더 발전할 수 있고 시기도 더 당길 수 있어요. 직접 해본 결과, 그 과정에서 배운 것들이 정말 많았습니다.

예를 들어볼까요. 한식 궁극의 '정성'을 가장 잘 구현한 분들은 미쉐린 스타 셰프들이라고 생각했어요. '그분들이 자신의 정체성을 살려서 직접 정성을 느낄 수 있는 제품을 만들면 어떨까?, 우리가 혼자 만드는 것보다 고객이 정성을 훨씬 잘 느낄 수 있지 않을까?, 재료를 선정하고 음식을 만들고 표현하는 방식이 그분들보다 더 정성스러울 수 있을까?'라고 여러 고민을 했습니다. 셰프는 음식을 먹는 순간의 감동을 주는 직업이라고 생각합니다. 그들이 감동을 주는 그 방법을 배우고 싶었어요. 그 과정에서 의미 있는 성과가 있었다고 생각합니다.

콜라보레이션이 성공의 원동력이 된 또 다른 사례가 있을까요?
———

Z세대와 소통하고 싶고 우리 브랜드를 좋아해주면 하고 바랐는데, 일방적으로 사랑 고백을 하는 방식은 소용없다고 생각했어요. 우리가 Z세대에게 어떤 선망성envy을 줄 수 있을지 고민했습니다. 그러다가 그들이 평소에 좋아하고 즐기는 브랜드와 친구가 되어, 우리 메시지를 '친구의 친구'가 되어 전달한다면 더 잘 이해하고 공감할 수 있지 않을까 하는 생각이 들었어요.

미국 프로농구 NBA 팀 중 하나인 LA 레이커스와 파트너십을 체결할 때, Z세대와 농구를 매개로 소통하면 어떨까 싶었습니다. 그런데 우리나라에선 프로 농구가 미국에 비해 대중화되어 있지 않다 보니 기획의 방향을 살짝 틀었죠. 그 결과, Z세대의 길거리 문화와 푸드트럭, 그래피티, 비보잉 등 하위 문화에 주목했습니다. 이를 위해 적절한 파트너를 물색했고, 성수에서 자동차를 주제로 패션과 F&B 등 여러 문화를 재미있게

성수동 피치스 도원에 LA의 문화를 그대로 옮겨놓은 비비고 아레나.

다루고 있는 피치스와 함께 풀어냈습니다.

우리가 갖고 있는 보석을 어떤 상자에 담느냐에 따라 더 매력적으로 보일 수 있지요. 아무런 노력 없이 보석의 가치를 사람들이 왜 못 알아보는지 답답해한다면 이 보석은 평생 전달될 수 없을 거예요. 계속해서 매력적으로 전달할 수 있는 방법을 찾아야 합니다.

전 세계에 통하는 우리의 맛, 그리고 브랜드

비비고 브랜드가 만두 단일 품목으로 조 단위 매출을 기록하는 메가 브랜드로 빠르게 성장할 수 있었던 비결은 무엇일까요?

———

CJ그룹의 미션과 경영 원칙이 기본이 되었다고 생각해요. CJ그룹에는 우리 문화를 전 세계에 전파하겠다는 강력한 목적의식이 있습니다. CJ그룹은 '최초, 최고, 차별화'를 추구하는데, 비비고 브랜드도 이 원칙 아래에서 생각하고 실천하며 성장해왔어요.

비비고 브랜드가 세계적 브랜드로 성장하는데 이정표가 된 세 가지 주요 포인트가 있습니다.

1단계 (2013~2015년), 만두라는 글로벌 플랫폼을 성공시켜서 국내외에 존재감을 알린 단계.

1단계에서 가장 중요한 건 목표에 공감하는 강한 실행력을 가진 내부의 소수 정예 팀이었습니다. 팀원들과 함께 브랜드의 원칙과 가이드라인을 탄탄하게 구축하는 작업을 가장 먼저 했습니다. 이후 브랜드 포트폴리오에 대한 실체가 있어야 했기에 '전 세계 소비자가 한식의 정체성을 경험할 수 있는 만두'라는 이야기를 설정했습니다. 이를 위해 CJ제일제당의 R&D와 생산 인프라 역량을 최대한 발휘해 차별점을 구현했죠.

이미 어느 정도 인지도를 쌓은 일본의 교자나 중국의 딤섬과는 달리 한식 만두만이 갖고 있는 얇은 '피'와 씹는 재미가 있는 '소'의 특성을 극대화하기 위해 노력했습니다. 또한 브랜드 경험을 가장 빠르고 직접적으로 전달할 수 있도록 시식 푸드트럭을 운영했어요. 제한된 예산으로 '비비고 브랜드=한식 브랜드'라는 공식을 만들기 위해 당시 전 세계적으로 주목받았던 가수 싸이를 광고모델로 기용해 '싸이가 가면 비비고가 간다'는 PSYGOBIBIGO 캠페인을 통해 인지도를 높였습니다.

2단계 (2017~2019년), 만두의 글로벌 플랫폼들을 국내에서 성공시킨 후, 포트폴리오로 확대 기반 마련.

만두라는 대표적인 카테고리로 비비고 브랜드를 성공시킨

뒤 브랜드의 포트폴리오를 확대하는 시기였어요. 만두뿐 아니라 브랜드 내 카테고리를 다른 한식으로 빠르게 확장하기 위해 떡갈비와 동그랑땡 같은 조리 냉동식품, 반상의 기본인 국·탕·찌개, 발효 음식의 대표인 김치 등으로 확장을 시도했습니다. 그 결과, 조리 냉동식품, 국·탕·찌개, 김치로 1,000억 원 이상의 매출을 확보하면서 R&D와 생산 인프라 역량을 고도화할 수 있었습니다. 각 법인의 주도로 카테고리가 빠르게 확장되기 시작한 시기로, 그에 따라 그룹에서는 브랜드 가이드라인을 좀 더 확장적으로 넓힐 수 있는 안을 빠르게 마련했어요. 개별 국가, 카테고리 중심의 마케팅 커뮤니케이션이 해외 현지 중심으로 실행된 시기였습니다.

3단계(2020년~), 본격적인 성장 단계로 조직, 마케팅 커뮤니케이션 인프라를 구축하면서 글로벌 브랜드를 경쟁 상대로 설정.

체계적으로 전략을 수립해 글로벌 브랜드로 거듭나기 위해 조직을 HQHead Quarter(본부)와 로컬Local(지부)로 분리하고, 동시에 글로벌 카테고리 전략을 수립하는 전담 팀을 신설했습니다. GSPGlobal Strategic Product와 문화 마케팅을 위해 스포츠 마케팅을 중심으로 전 세계 공통의 마케팅 플랫폼을 구축하고 실행하기 시작했습니다. 글로벌 전략 카테고리로 분류되는 만두, 치킨, 밥, 김치, 소스, 김, 롤을 중심으로 HQ에서는 글로벌 전략을 수립하고 로컬 전략과 함께 실행해 2022년 매출 3조 원을 기록했습니다. 이후 비비고 브랜드 커뮤니케이션을 글로 벌 브랜드로 재정립하고 브랜드 슬로건을 '정성'에서 '리브 딜 리셔스Live Delicious'로 변경했어요. 2023년에는 처음으로 글로벌 브랜드 캠페인을 실행했고, 2024년에는 변경된 포지셔닝에 맞도록 BI Brand Identity와 PI Package Identity를 리뉴얼하고 있습니다.

CJ제일제당과 비비고가 만두로 세계 무대에서 활약할 수 있었 던 비결이 궁금합니다. 외국인에게는 사뭇 생소할 수 있는 음식 과 맛인데, 어떻게 이들의 심리 장벽을 넘을 수 있었나요?
———

가장 먼저 한 일은 전 세계에서 공통으로 먹는 음식을 선택 하는 것이었어요. 어느 식문화권을 가나 만두와 비슷한 형태 의 음식을 찾아볼 수 있었습니다. 맛이나 재료, 조리법은 조금 씩 다르지만요. 2013년 이미 성업 중인 만두 사업을 근간으로 해서 음식의 형태는 비슷하지만, 내용은 차별화한 글로벌 카 테고리를 만들자는 전략을 선택했습니다. 피가 얇고 쫄깃하며 고기와 야채의 비율이 균형 잡힌 '소'라는 한식 만두의 특징을 살리는 동시에 각 국가에 맞는 재료를 사용해 현지화를 꾀한 것이지요. 예를 들면 한국에서는 돼지고기와 부추로 만든 소 를 넣은 만두를 판매하지만, 미국에서는 돼지고기보다는 닭고

기를 더 선호하고 부추보다는 고수를 더 선호하는 기호를 반영해 '치킨고수만두'를 선보였습니다. 비비고가 진출한 국가 및 지역의 문화와 특색을 잘 살릴 수 있도록 반영한 것이지요. 이후 스포츠 마케팅, K-팝 등과 함께 비비고의 인지도를 높이기 위해 직간접적인 노출을 시도했습니다.

아울러 문화에 맞는 소비 습관을 고민했습니다. 어떤 소비자가 어떤 방법으로 언제 비비고 만두를 먹을지 고민한 것이지요. 중국의 경우, 구매에 지대한 영향을 끼치는 왕홍(인플루언서)들과 협업해 온라인 채널에서 비비고를 알리기 시작했어요. 미국의 경우, 가족 단위 구매력이 높고 새로운 제품에 대한 수용도가 높은 창고형 매장 코스트코에 입점했습니다. 일본의 경우, 탕류가 많은 식문화를 고려해 토핑으로 활용할 수 있는 물만두를 중심으로 시장을 공략했습니다. 모델이 만두를 한입에 쏙 넣는 모습을 보여주며 일본의 교자와는 비슷한 듯 다른 한식 만두의 장점을 부각했습니다. 주식이 아닌 가벼운 먹을거리 개념으로 접근한 점, 그리고 시식 경험을 제공한 것 역시 새로운 시장에 안착하는 데 유효했다고 판단합니다.

다행히 뚜렷한 성과가 있었습니다. 미국 시장의 경우, 2020년 매출 1조 원을 기록했습니다. 2021년에는 시장점유율 39%로 업계 1위로 올라섰고, 2023년 3분기에는 시장점유율 48%를 돌파하는 결과를 냈습니다.

해외 고객의 반응은 어떤가요? 기억에 남는 해외 고객의 반응이 있으신가요? 국가별로도 그 반응이 사뭇 달랐을 것 같은데요.

———

CJ E&M 행사와 엑스포 행사 등으로 2013년부터 해외 소비자를 직접 만날 기회가 있었어요. 그때마다 한식에 대한 해외 고객들의 지식과 경험이 확대되고 있다는 것이 느껴져서 감동스럽고 한국인으로서 자부심도 느꼈습니다. 한식에 대한 전반적인 반응도 들을 수 있었어요. 익혀 먹는 김치가 더 맛있다거나, 단 음식을 좋아하지 않는데 떡볶이는 맵고 달아서 맛있다거나, 만두와 김밥을 점심 도시락으로 싸 가면 학교 친구들에게 인기가 많다는 등 한식에 대한 다양한 반응을 생생하게 들을 수 있었지요.

급변하는 국내 및 해외 시장에 대응하기 위해 최근 어떤 노력을 하고 있으신가요?

———

최근 비비고는 새 단장에 나섰어요. 새로운 BI를 통해 비비고 브랜드가 한국의 브랜드라는 것을 강조하려고 합니다. 이를 위해 새로운 BI에 한글을 추가하고, 기존 돌솥 모양의 로고 배경도 식문화를 함께 나누는 사람과 사람 사이의 연결이라는 의미를 담아 순환하는 이미지로 교체했어요.

새 단장을 한 비비고의 BI.

만두에 이어 우리나라의 대표적인 길거리 음식인 떡볶이와 핫도그, 김밥, 김말이, 붕어빵, 호떡 등을 새로운 카테고리로 만들어 세계 시장을 공략해볼 계획입니다. 그동안 불모지로 여겼던 할랄 시장으로도 나가보려고 하고요.

CJ제일제당에서 일한다는 것

CJ제일제당은 업계에서 마케팅 사관학교로 불릴 만큼 마케팅에 진심인 것으로 유명합니다. 뛰어난 인재들 속에서 두각을 나타내신 비결이 있을 것 같아요. 경영리더님이 담당하고 있는 비비고 브랜드의 일하는 방식이 궁금합니다.

———

어떤 조직을 맡더라도 조직원들과 함께 일하면서 이들에게 동기부여하는 저만의 방법을 설명할게요.

첫째, 저는 조직을 운영할 때 성과를 가장 중요시합니다. 성과가 있어야 조직의 자원, 전략에 대한 지원, 조직 구성원의 보상을 확보하고 극대화할 수 있기 때문이에요.

둘째, 저를 포함한 모든 구성원들의 강점을 기반으로 한 성장입니다. 회사와 조직, 개인이 동반 성장할 수 있도록 팀을 운영하고 프로젝트를 배분합니다. 강점을 발견하지 못했다면 스스로 생각하고 발견할 수 있게 코칭합니다. 그리고 그 강점을 극대화할 수 있도록 도와주지요.

셋째, 항상 새로운 것에 도전합니다. 실패할 수도 있지만, 어떤 팀을 맡든 동일한 전략을 세운 적은 없습니다. 최소 30%

부터 최대 100%까지 완전히 새롭거나 수정·보완된 전략과 시도를 내부 설득을 거쳐 수립하고 실행해요.

이런 방법을 통해 저와 구성원들의 업무 스펙트럼을 넓히고, 사업과 브랜드에 새로운 자극을 줍니다. '도깨비 만두바' 프로젝트는 그 범위가 조금 넓었지요. 그런데 앞으로도 계속 이런 시도를 할 것 같아요. (웃음)

비비고라는 큰 브랜드를 이끌면서 가장 경계하는 것이 있다면 무엇인가요?

———

코카콜라 글로벌 디렉터가 매일 아침 혹시 자신이 브랜드를 망치고 있는 것은 아닌지 생각한다는 말을 들은 적 있어요. 저도 제가 하는 모든 시도가 '비비고의 현재 브랜드 이미지에 긍정적인가, 정말 혁신과 진화를 만들어내고 있는가' 매일 고민합니다. 제가 하는 활동들이 그저 옷만 갈아입히는 것이 아니라 브랜드의 체질을 진짜 진화시키는 방향으로 이끌어 나가고 있는지 스스로에게 묻는 것이죠. 그래서 단순히 유행처럼 반짝하는 브랜드와의 협업은 지양하고 있습니다. 브랜드 규모에 관계없이 대표 혹은 책임자와 시간을 보내면서 브랜드에 진심인지, 우리와 함께 갈 수 있는지 판단해봅니다.

지금의 위치까지 오는 데 결정적인 순간이 있었나요? 그 순간이 궁금합니다.

—

이전 직장이었던 칸타 코리아에서는 직무 특성상 해외 출장을 많이 다녔어요. 그러면서 '한식이 저평가되어 있다'는 것을 절감했어요. 한식의 맛과 영양의 위대한 가치를 전 세계에 알리는 데 기여하고 싶었습니다. 그래서 그 일을 가장 잘할 수 있는 CJ제일제당에 입사했고, 입사 후 비비고 팀으로 지원했죠. 이후 마케팅 커뮤니케이션을 하다가 사업부로 옮겼습니다. 사실 이 모든 과정이 지금의 저를 만들었다고 생각해요. 그래서 어떤 결정적인 '한 순간'을 콕 짚기가 어렵네요. (웃음) 모든 순간 밀도 있게 한식과 비비고를 알리기 위해 노력했고, 그 선택들이 모두 후회 없이 좋았고 의미 있었다고 생각합니다.

경영리더님은 어떤 마케터이신가요? 새로운 발상을 위해 어떤 노력을 하시나요?

—

한 분야에 관심이 생기면 새로운 사람, 장소, 콘텐츠를 경험하기 위해 직간접적으로 많은 노력을 기울입니다. 기본적으로 역사와 철학, 미학, 심리학, 사회학에 관심이 많고 웬만하면 새로운 맛집, 공간, 옷, 신발을 경험하기 위해 많이 소비합니다.

집에 있을 때면 그와 관련된 OTT를 공기처럼 틀어두기도 합니다. 책을 읽을 시간이 많지 않아서 요즘에는 출퇴근 시간에 팟캐스트로 북 리뷰나 시사평론을 듣습니다.

상사와 후배에게 인정받는 리더가 되기 위한 마음가짐과 해야 할 일이 있다면 무엇이 있을까요?

————

제가 어디를 가든 항상 강조하는 것인데, 스스로를 정확히 아는 것이 필수라고 생각합니다. 특히 마케팅에선 자신이 이 일을 왜 하고 있고, 자신이 맡은 브랜드가 어떤 목표를 가지고 있고, 세상에 어떤 영향을 미치고 싶으며, 이를 위해 어떤 강점을 가져야 할지 명확히 알아야만 자신이 어떤 경력을 만들어 갈 것인지 정리된다고 생각해요. 단순히 어떤 브랜드가 유망하다고 해서 그 브랜드에 취업하는 것이 아니라요.

그리고 새로운 도전을 많이 해보라고 말하고 싶어요. 과거에는 한 우물만 파서 전문직이 되라는 조언이 유용했지만, 지금은 할 수 있는 영역이 너무 넓어요. 마케팅만 해도 PM, BM, 전략, 마케팅 커뮤니케이션 혹은 에이전시에 갈 수도 있어요. 리더가 되기 전까지 2~3년 정도 다양한 직무 경험을 통해 자신만의 스킬 셋skill set을 장착하는 것이 좋습니다. 그 방법으로는 꼭 이직뿐만 아니라 회사 안에서의 조직 이동도 있으니, 주변을 바라보는 시야를 넓혀보라고 조언해드리고 싶어요.

마지막으로 직책이 목표가 될 수도 있지만 그보다는 잘하는 것을 빨리 찾아내 현재 일을 즐기고 집중하라고 말씀드리고 싶습니다. 저도 일이 재밌어서 즐겁게 몰두하다 보니 감사하게도 임원이 되었습니다. 이 모든 것이 하나의 과정이라고 생각합니다. 임원이 된다고 경력이 끝나는 것도 아니고, 우리가 언제까지 일할지도 모르잖아요. 자신이 왜 일을 하는지 명확해질수록, 무엇을 잘하는지 빨리 파악할수록 앞으로의 경력이 달라질 겁니다.

요즘 어떤 브랜드를 눈여겨보고 있나요?

———

대형 브랜드 중에서는 나이키가 독보적으로 잘한다고 생각합니다. 운동화에 관심이 하나도 없던 제가 리미티드 에디션을 사게 됐을 정도로요. 지금도 어떤 신제품이 나오고 어떤 캠페인을 론칭하는지 관심 있게 보고 있습니다. 그동안 스포츠 문화에 큰 관심이 없었는데, 나이키는 자신의 아이덴티티를 추구하는 동시에 시대와 잘 호흡하고 있는 것 같아요.

'김숙진'은 어떤 브랜드인가요?

———

저는 '개발도상인'이라는 단어로 저를 표현하고 싶어요. 앞으로 어떤 사람이 될지, 무슨 일을 해낼 수 있을지 아직 저도 잘 모르거든요. 제 미래가 궁금하고, 어디가 저의 한계선인지 시험해보고 싶어요. 그래서 저 자신의 경계를 넓히면서 닿는 대로 가보고 있지요. 그런 면에서는 비비고와 닮은 것 같아요. 비비고가 매출 3조 원을 이뤄내는 과정을 보면 조금의 가능성만 보여도 우선 실행해보고, 거기에서 얻은 교훈으로 다음 결정을 내렸어요. 의사결정의 기준은 언제나 '이게 우리 브랜드에 어떤 의미가 있을까?'였습니다.

본질을 파고들어
오랜 고정관념을 바꾸다

이정훈   대상주식회사 **BE** Brand Experience **group** 그룹장

"처음엔 사람들이 재미있는 영상인 줄 알고 보기 시작했지만 이에 동화되고 마지막에 미원의 이야기가 나오는 순간 '아, 맞아'라는 반응을 보였습니다. 광고 영상이 이슈가 되면서 미원 검색량이 30배 증가했고, 그중 98%가 긍정어로 바뀌었습니다. 판이 완전히 바뀌었죠."

이정훈 그룹장은 대상그룹의 대상주식회사(이하 대상)에서 브랜딩, 영상 콘텐츠, 모바일 콘텐츠, 미디어 운영, 통합 마케팅 커뮤니케이션 등 다양한 방면에서 브랜드 마케팅을 총괄하고 있다.

특히 대상이 보유한 종가, 미원, 청정원, 안주야, 햇살담은, 호밍스 등 브랜드에서 브랜드 아이덴티티와 사람들의 인식 차이를 줄이는 캠페인과 프로모션을 진행해 대한민국 광고대상, 유튜브 웍스 어워드, 레드닷 디자인 어워드, IF디자인 어워드 등 대내외적인 성과를 이루며 대상의 이름을 알렸다.

_____

미원,
종가가 발견한 브랜드의 본질

대상은 어떤 브랜드인가요?

———

1956년 설립된 대한민국 대표 식품 기업으로, 세계 3대 발효 전문 기업입니다. 국산 발효 조미료 '미원'을 시작으로 청정원, 청정원 순창, 햇살담은, 안주야, 맛선생, 호밍스, 홍초, 종가 등 다양한 브랜드를 선보이며 풍요롭고 건강한 식생활 문화를 지켜내고 발전시키기 위해 노력하는 식품 전문 기업입니다. 전통적인 식품군을 통해 정통성을 지키는 한편 변해가는 시대에 맞춰 새로운 식문화를 만들어가는 모습이 큰 바위가 굴러가듯 한 걸음 한 걸음이 매우 묵직하고 멋있는 브랜드입니다. 저 역시 대한민국 전통 발효 식품에 주목하는 등 진정성 있는 제품 개발과 커뮤니케이션이 마음에 들어 입사했습니다.

최근 대상이 가장 관심을 기울이고 있는 영역은 무엇인가요? 또한 식품 시장을 어떤 관점으로 바라보고 있는지 궁금합니다.

———

가족 구성, 식문화 등이 굉장히 빠르게 변하고 있습니다. 이에 따라 고추장, 된장 등 전통식품부터 육수 티백, 안주, 그리고 밀키트, HMR Home Meal Replacement 등 다양한 이름으로 불리는 가정간편식까지 모든 것이 과거와는 다른 소비 형태를 보이고 있습니다. 대상은 특정 제품이 아니라 앞으로 5년, 10년 뒤에도 소비자가 더욱 편리하게 새로운 라이프스타일에 맞게 사용할 수 있는 제품을 선보이기 위해 모든 영역에 관심을 기울이고 있습니다.

특히 전통적인 제품을 리브랜딩하는 건 단순히 겉포장을 변경하는 것처럼 가볍게 접근하는 게 아니라 주요 성분의 배합 등 모든 것을 다시 고려해야 하는 굉장히 복잡하고 어려운 과정입니다. 이러한 과정이 대한민국 식문화를 이끌어가는 원동력이 되었다고 생각합니다. 다시 한번 강조하지만, 말은 쉬운데 정말 까다롭고 어려운 과정이에요.

일반적으로 대상하면 미원, 종가, 청정원 등 전통적인 브랜드가 많아 브랜드 마케팅 역시 보수적으로 진행하는 편으로 알려져 있었습니다. 그런데 최근 들어 그 어떤 브랜드보다 새롭고 매력적인 접근을 하고 있어요. 이렇듯 다양한 활동을 통해 얻은 성과는 무엇인가요? 이전과 어떤 점이 달라졌는지도 궁금합니다.

─────

지표로 말씀드리자면, 간장 브랜드 햇살담은의 '대한민국에서 이름이 가장 기~~인 간장 이야기'가 대한민국 광고 대상을 수상했고, '미원' 유튜브 영상이 1,000만 뷰를 달성하며 유튜브 웍스 어워드에서 상을 받았습니다. 2022년 안주야가 진행한 캠페인은 레드닷 디자인 어워드를 받는 등 여러 상을 받으며 언론의 주목을 받았지요. 또한 2022년 뉴욕 타임스스퀘어의 김치 광고와 2023년 최초의 김치 브랜드 팝업 '종가 블라스트', IF 디자인 어워드 등 다양한 활동이 있었습니다. 이를 통해 소극적으로 브랜드 활동을 하던 대상이 이제는 적극적으로 나서고 있다는 인상을 주게 되었다고 생각합니다.

이런 외부로 드러나는 성과도 중요하지만 더 큰 성과는 대상 내부에서 찾을 수 있어요. 먼저, 조직 구성원들이 우리 브랜드를 잘 이해하게 되었고 브랜드에 대해 동일한 생각을 갖게 되었습니다. 종가나 미원은 오래된 브랜드이기 때문에 제품이나 광고에서 변화를 도모하기가 쉽지 않습니다. 마케터, R&D 직원 등 회사 내 다양한 직군의 사람들이 브랜드에 대해 조금씩 달리 생각할 수도 있지요. 그러나 2년에 가까운 시간 동안 위와 같은 성과를 필두로 설득과 설명의 과정을 거치면서 말 그대로 내부 직원들 사이의 '내재화'가 이루어졌다고 봅니다.

특히 이를 위해 가장 주의해야 할 것은 제품의 품질에 문제가 없어야 한다는 것입니다. 더불어 브랜드가 하나의 방향을 향하기 위해서는 브랜드 내부 구성원들이 공감할 수 있는 미래 비전을 함께 제시하는 것이 중요합니다. 5년, 10년 뒤 시대가 변하고 고객의 라이프스타일이 변해도 우리가 어떠한 브랜드로 고객의 머릿속에 남을 것인지 미리 생각하고 준비해야 해요.

브랜드의 근간이 되는 BIS^{Brand Identity System}를 읽고 이해하기 편한 문장 형태로 바꾸고 회의 시간마다 이를 마치 국민의례 하듯이 항상 읽고 가는 건 사소한 일처럼 보이지만 이 모든 것을 내재화하기 위한 과정이었습니다. 이후 2~3년 이상 브랜드 커뮤니케이션 전략과 함께 새로운 채널, 새로운 접점에서 새로운 고객을 만나기 위해 제품과 커뮤니케이션 고도화를 함께 논의했습니다. 처음에는 서로의 입장이 달라서 다소 불편을 겪기도 했지만, 몇 번 성공을 거둔 이후에는 너무나 당연한 과정이 되었어요. 그 결과, 미원 광고와 종가 팝업이 탄생했으며 파우더 형태의 김치를 출시하게 되었지요.

그동안 아예 언급조차 없거나 미디어나 SNS상에 노출되는 대상은 제품과 브랜드가 너무 익숙해서 트렌디하지 못하다는 인식이 있었는데, 주위 사람들을 비롯해 언론에서도 우리의 새로운 시도가 많이 언급되면서 구성원들이 성취감, 즐거움을 느끼고 있습니다. 이로 인해 제품의 변화를 자연스럽게 함께 논의하게 된 것이 무엇보다 큰 성과라고 생각합니다.

내부에서 공감한 것을 외부로 전달하는 것은 또 다른 과제일 텐데요. 이것을 가능하게 한 전략은 무엇이었나요?

———

타깃을 특정하지 않고 누구나 공감할 수 있는 '본질'에 대해 이야기했기 때문이라고 생각합니다. 밀키트나 HMR을 만드는 브랜드는 타깃이 무엇을 원하는지를 가장 중요하게 생각합니다. 하지만 고추장, 쌈장, 된장, 소금, 김치 등은 무엇보다 제품의 본질이 중요하지요. 패션, 뷰티 브랜드와 음식은 문화의 결이 다릅니다. 요즘 기업들이 주목하는 MZ세대는 힙하고 멋진 것을 선호하지만 식품 브랜드가 보여주는 신뢰와 정성, 진심은 남녀노소 세대 구분 없이 모든 사람들을 관통한다고 생각합니다.

3년 전 미원 광고를 보면 미원이 무엇인지보다 당시 트렌드에 맞춘 광고 형식으로 미원을 설명했어요. 트렌드에 집중한 광고는 생각보다 소비자들의 관심을 끌기 어렵습니다. 조금 더 본질을 파고들었으면 좋겠다는 생각에 '미원은 65년 동안 언제나 우리 곁에 있었다'라며 시간에 대한 이야기를 했습니다. 그러자 사람들과 믿음으로 연결되어 이들을 우리 브랜드로 끌어들일 수 있었고 긍정적인 반응을 얻을 수 있었어요. 본질 자체를 스타일 속에 녹여내는 전략, 이것이 핵심이었습니다.

저는 대상에서 이러한 본질적인 스토리를 발굴하는 데 힘쓰고 있어요. 또한 본질은 유지하지만 형태의 변화로 시대를 이끌어가야 한다는 점도 늘 염두에 두고 있습니다. 이는 특히 K-푸드를 넘어 한식이 글로벌 푸드로서 자리매김하기 위해 꼭 필요한 요소입니다. 무엇보다 브랜드를 점검하고 조직 내부 구성원과 한 방향을 바라보며 우리의 전통과 본질을 유지하지만 트렌드에 맞는 변화를 이뤄내야 한다는 공감대를 형성하는 게 중요하다고 생각합니다.

> 오랜 시간 미원을 향한 사람들의 부정적인 인식이 있었던 게 사실입니다. 한 번 각인된 인식을 깨는 것이 쉽지 않았을 텐데요. 어떻게 그 인식을 바꿀 수 있었는지, 그 과정에서 어려움은 없었는지 궁금합니다.

───

미원은 100% 사탕수수로 만들어집니다. 사탕수수를 발효시켜 만든 결정체인 발효 조미료이지요. 그런데 식당에 가거나 유튜브를 보면 미원을 사용하는 게 좋지 않다는 부정적인 인식이 있는 것도 사실입니다. 미국 FDA(식품의약품청), UN 등을 통해 미원의 안전성을 확인받았고, 제품 판매를 위해 다양한 커뮤니케이션을 했지만 사람들에게 받아들여지지 않았어요. 그래서 방향을 바꿔봤습니다.

미원은 공기나 물처럼 우리와 항상 함께하지만 사람들에게 잊힌 브랜드였습니다. 음식 맛을 좋게 한다는 미원의 본질을

65년째 감칠맛 내는 조연,
유튜브 조회수 1,000만 뷰를 기록한 미원의 광고.

담아낸 콘텐츠는 SNS, 블로그, 유튜브 등 다양한 곳에 정말 많이 있습니다. 다만 사람들이 미원을 검색하거나 지인의 SNS에 미원이 피드로 올라오지 않으니, 수십 년간 쌓여 있는 콘텐츠를 경험할 일이 없었습니다. 쉽게 말해, 누구도 궁금해하지 않았던 브랜드로, 과거에 만들어진 'MSG는 건강하지 않다'는 고정관념이 강하게 고착화되어 있었지요.

그래서 다시 등장할 때 사람들을 깜짝 놀라게 하고 싶었습니다. 광고모델로 김지석 배우를 기용하고 시각적 충격을 주기 위해 미원 패키지 코스튬을 입혔어요. 그리고 '웃픈' 상황들을 통해 재미를 느끼게 하면서 동시에 지금까지의 역사를 자산으로 삼아 '미원이 얼마나 안전하면 65년 동안 존재할 수 있겠나' 하는 본질적인 메시지를 전달했습니다.

사람들은 처음에 재미있는 영상인 줄 알고 보기 시작했다가 점점 빠져들어 마지막에 미원의 이야기가 나오는 순간 '아, 맞아'라는 반응을 보였습니다. 이 광고 영상이 주목을 받으며 '미원' 검색량이 30배나 늘어났는데 그중 98%가 긍정적인 메시지였어요. 판이 완전히 바뀐 것이지요.

또한 3개년 커뮤니케이션을 진행하면서 십수 년 만에 B2C 시장에서 미원 판매량이 증가한 것은 매우 고무적인 결과입니다. 영상을 보고 알고리즘을 통해 미원의 본질을 설명하는 콘텐츠를 접하게 되고 광고가 인기몰이를 하면서 SNS 등에 올라오는 미원에 대한 좋은 메시지들이 십수 년간 형성된 부정적인 고정관념을 바꾸는 중요한 변곡점이 되었습니다.

이 경험을 통해 한 가지 깨달은 게 있어요. 브랜드에 대해 내부적으로 끊임없이 고민하고 발전을 도모하지 않으면 잊힌 브랜드가 된다는 것입니다. 브랜드를 다루는 사람으로서 이 프로젝트를 수행한 것은 엄청난 영광이었습니다.

식품 브랜드만이 할 수 있는 리브랜딩 비법

대상의 또 다른 브랜드 '종가'는 뉴욕 맨해튼의 타임스스퀘어에 광고를 내걸기도 했습니다. 한국 김치를 대표하는 브랜드로서 중요한 위상을 차지하고 있던, '종가집' 브랜드 네임을 '종가'로 바꾼 이유도 궁금합니다.

———

30~40년 된 브랜드는 이미 고착화되었다고 할 수 있습니다. 종가집도 마찬가지였죠. 광고 커뮤니케이션도 거의 하지 않았지요. 기성세대와 MZ세대가 생각하는 김치는 조금 다르기 때문에 종가집이 시대에 맞게 변화해야 할 타이밍이라고 생각했습니다.

이전에는 '소비자 브랜드 대상 1등'이라는 타이틀에 매여 있었어요. 매출로만 브랜드를 평가하고 1등을 빼앗기지 않는 것에만 집중해 정작 가장 중요한 '브랜드'에 대한 이야기는 하지 않았습니다. 그러다 보니 어느 순간 종가집에 대해서는 아무도 이야기하지 않는, 잊힌 브랜드가 되어가고 있었습니다.

어떻게 하면 매출을 성장시킬 뿐 아니라 독보적인 브랜드로 자리매김할 수 있을지 고민하며 분석했습니다. 첫째, 젊은 세대에게 다가갈 방법을 고민했습니다. 베이비부머 세대에게 김치는 필수이고 X세대에게는 선택입니다. 그런데 MZ세대에게는 이마저도 아닙니다. 특히 1인 가구의 경우, 마트에서 판매하는 3.3kg짜리 김치는 조그마한 냉장고에 넣기 부담스러울 뿐이죠. 김치가 필수 반찬이 아닌 그들의 성향에 맞춰 브랜드 이미지를 만들어내기 위해 많이 고민했습니다.

둘째, 김치가 변화할 수 있는 터닝 포인트가 필요했습니다. 김치가 전 세계로 뻗어 나가면서 미국은 종가, 한국은 종가집으로 커뮤니케이션하다 보니 같은 브랜드이지만 다른 브랜드 같은 느낌이 들었습니다. 브랜드를 합쳐 '종가'를 다시 한번 환기하면서 브랜드명이 왜 바뀌었는지에 대한 궁금증을 유발하는 동시에 대한민국 대표 김치라는 것을 알리고자 했습니다. '김치는 대한민국의 것이지만 모두의 것'이기도 하다는 모토를 만들고, 뉴욕 맨해튼 한복판에 광고를 띄웠어요. 뉴욕 프로젝트를 진행하기 전에 커뮤니케이션을 다져 나가기 위해서 2021년에는 〈뉴욕 타임스〉에 김치 광고를 게재하기도 했지요.

'종가집'을 '종가'로 바꾸고 대한민국 김치를 대표하는 패키지로 디자인을 변경한 후 이슈 몰이를 위한 기획을 했습니다. K-푸드 김치를 전 세계 고객들에게 알리기 위해 대한민국 대표 브랜드로서 가장 영향력 있는 매체를 선정했습니다. 바로 뉴욕 타임스스퀘어 아메리칸 이글 빌딩의 멀티 디스플레이 광고였습니다. 다양한 인종, 연령, 성별을 가진 모델과 함께 '한국의 김치는 이제 모두의 것'이라는 메시지를 담은 광고 영상을 제작해 한국어, 영어, 스페인어, 일어, 그리고 중국어로 노출했습니다. 대한민국 국민에게 자부심을 느끼게 하고 전 세계 사람들이 한국의 김치, 종가에 관심을 갖게 하기 위해서였어요.

포장 김치 시장과 관련해서 예전에는 종가집의 시장점유율에 대한 기사가 대부분이었습니다. 그런데 종가 제품의 USP~Unique Selling Point~나 프로모션 광고가 아닌 김치 자체에 집중하게 하면서 언론의 주목을 받았습니다. 이때 크게 두 가지 사안에 집중했습니다. '종가집은 왜 종가로 이름을 바꾸었을까'라는 질문에는 '김치는 이제 세계적 식품이고, 종가는 김치 수출의 50% 이상을 담당하는 김치의 스탠더드, 즉 기준이다', '왜 뉴욕에서 광고를 했을까'라는 질문에는 '종가가 김치를 대표

뉴욕 타임스스퀘어에 떠운 종가 김치 광고.

하는 브랜드임을 전 세계에 알리기 위한 작업이다'라는 답을 전달한 것이죠.

최초의 김치 팝업스토어 '김치 블라스트 서울 2023 KIMCHI BLAST SEOUL 2023'을 진행한 것도 같은 맥락에서 이해할 수 있습니다. 이뿐만 아니라 다양한 K-푸드 중 왜 하필 김치에 주목해야 하는지에 대한 〈김치 유니버스〉 다큐멘터리도 만들었습니다. 이러한 과정에서 회사 내부의 갈등은 없었습니다. 다들 변하고 싶어 했거든요. 대한민국을 대표하는 김치 브랜드로 더 이상 막걸리에만 곁들여 먹는 음식으로 취급받고 싶지 않았습니다. 위스키에도 먹을 수 있잖아요! 김치로 모든 것을 할 수 있게 만들자는 생각을 시작으로 많은 변화들을 시도하고 있습니다.

대상의 다양한 브랜드들은 계속해서 변화를 시도하고 있는 과정에서, 어떤 것은 바꾸고 어떤 것은 바꾸지 말아야겠다고 생각한 기준이 있으신가요?

———

미원은 이름 그 자체로 카테고리가 된 브랜드입니다. 구매할 때 아무런 고민 없이 바로 선택하는 브랜드죠. 된장, 고추장도 마찬가지입니다. 이러한 브랜드는 그대로 유지하되 트렌드에 따라 변화하는 식생활, 라이프스타일 등에 관련된 브랜드는 모두 변화를 도모했습니다.

요즘 20대 친구들, 특히 1인 가구는 김치가 '들어간' 음식을 사 먹거나 시켜 먹습니다. 더 이상 김치를 반찬으로 덜어 먹지 않아요. 지금의 김치는 10년 전의 김치와 완전히 다릅니다. 이러한 상황에서 시장점유율 1위인 종가가 무엇을 해야 할지 고민했고, 대한민국 브랜드로서 김치를 전 세계에 알리는 역할을 해야겠다는 생각을 했습니다. 조금이라도 도태되는 순간, 과거 브랜드로 전락할 것이 뻔했기 때문입니다. 이렇듯 브랜드는 시대의 흐름에 맞춰 성장해야 합니다.

리브랜딩 등 브랜드의 변화를 준비하거나 담당하는 사람들에게 노하우를 알려주신다면 어떤 게 있을까요?
———

브랜드로 할 수 있는 것은 정말 많습니다. 콜라보레이션 등 많은 선택지가 열려 있죠. 그런데 가장 중요한 것은 따로 있습니다. 첫째, 내부의 공감과 지지를 얻어야 합니다. 내부의 이해 없이 할 수 있는 건 아무것도 없다고 확신합니다. 리브랜딩은 겉포장만 바꾼다고 가능한 게 아닙니다. 어떤 메시지를 전달할 것인지 고심해야 합니다. 그중에서도 핵심 키워드를 잡아 생각을 통일하는 데 많은 시간을 들여야 합니다.

둘째, 스타일을 잘 만들어야 합니다. 무작정 유행과 흐름에 맞추는 게 아니라, 본질을 기반으로 스타일을 만들어야 합니다. 특히 요즘 브랜드들은 팝업스토어를 많이 진행하는데요. 팝업스토어를 열고 인스타그램으로 인증 이벤트를 하는 등 소비자에게 브랜드 경험Brand Experience을 제공하기 위해 애씁니다. 그런데 문득 이런 생각이 들었어요. '팝업스토어가 브랜드에 어떤 의미가 있을까?' 각각의 브랜드가 가진 본질에 따라 팝업스토어는 정답일 수도 있고, 아닐 수도 있습니다. 그렇기에 우리 브랜드의 본질을 중심으로 스타일을 어떻게 표현할 것인가 하는 문제가 중요합니다.

마지막으로 사람들의 인식은 그리 빠르게 변하지 않습니다. 적어도 3년 이상의 계획을 가지고 움직여야 합니다. 무엇보다 계단을 올라가듯 한 단계 한 단계 쌓아가며 계속 움직이는 게 중요합니다. 이전에 성공을 거둔 캠페인이나 광고 영상에만 머문다면 과거에 묻혀버리게 될 뿐입니다.

3년 이상의 계획은 어떤 방식으로 어떻게 설계해야 하나요? 앞으로의 목표와 방향성, 그리고 이를 실행하기 위한 전략이 궁금합니다.

———

3년 이상 계획을 세울 때는 무엇보다 목표가 중요합니다. 광고, 쇼츠(짧은 영상), SNS 등은 매개체에 불과합니다. 3년이든 4년이든 브랜드에 투자해서 우리가 알리고 싶은 것이 무엇이며, 그 결과 얻어낼 실제 결과물은 무엇인지 상세한 내부 협의가 필요합니다. 몇 년 전에 비해서 식품 회사의 매출 중 온라인이 차지하는 비중이 급격히 커지고 있습니다. 과거보다 더욱 직접적으로 제품 매출에 영향을 끼칠 수 있게 되었다는 이야기입니다. 소비자들의 구매 패턴, 구매 이유가 빠르게 변해가는 것도 충분히 고려해야 합니다. 미원과 종가는 서로 다른 브랜드로 구매 접점, 타깃 또한 다르기 때문에 실행 계획을 설계하는 과정도 완전히 달랐습니다.

요즘 김치 브랜드의 소통법

성수동에서 진행한 '김치 블라스트 서울 2023' 팝업스토어가 정말 인상 깊었습니다. 김치를 공간 콘텐츠로 꾸민 것 자체가 이색적이었는데요. 덕분에 1만 명이 방문할 만큼 큰 성공을 거뒀지요. 이를 통해 전하고 싶은 메시지는 무엇이었나요? 이 공간에서 소비자의 핵심 경험으로 어떤 것에 초점을 두셨는지 궁금합니다.

김치 브랜드의 팝업스토어라고 하면 쉽게 연상되는 일반적인 이미지에 '의외성'을 주고 싶었습니다. 우리에게 익숙한 김치가 더 이상 존재하지 않을 수도 있다는 상상을 할 수 있게 해주었죠.

김치의 본질을 지키면서도 참신하게 해석하고 새롭게 즐길 수 있다는 것을 표현하기 위해 해체주의 컨셉으로 모든 팝업의 테마를 준비했습니다. 최초의 포장 김치 등 김치와 관련된 여러 내용들을 충분히 살펴볼 수 있는 '브랜드 포커스드 존Brand Focused Zone'과 실제로 김치에 어떤 변화가 나타나고 있는지 경험하도록 김치 파우더, 김치 타르트 등을 준비한 '페스티브 익스피어리언스 존Festive Experience Zone'으로 공간을 크게 두 가지로 나누어서 풍부한 경험을 제공하려고 노력했습니다. 특히 김치 맛을 내는 시즈닝이 아니라 종가가 담근 실제 김치로 만들어서 100% 국내산 농산물, 종가의 노하우, 유산균이 살아 있는 김치를 새로운 형태로 즐기는 방법을 상상할 수 있도록 자극하는 김치 파우더는 우리가 팝업스토어로 전달하려는 메시지를 집약적으로 보여주는 결과물이라 할 수 있습니다.

팝업스토어 등 소비자와 직접 만나는 다양한 캠페인을 통해 대상의 브랜드 인지도가 높아지거나 우리나라 김치의 위상이 높아진 것을 체감하신 적이 있으실까요?

———

SNS에서 '종가', '종가집', '김치'라는 키워드, 해시태그로 어

종가가 선보인 국내 최초 김치 팝업스토어 '김치 블라스트 서울 2023'.
김치를 활용한 특별한 메뉴를 선보였다.

떤 이미지가 올라올 것 같나요? 종가 브랜드의 사명이나 비전
이 담겨 있거나 김치에 대한 즐겁고 유쾌한 이미지가 올라올
것이라 생각하기 어렵습니다. 팝업을 만들 때 방문자들이 우
리 브랜드를 온전히 알게 되고 함께 즐거운 경험을 하도록 만
드는 것이 주요한 목적이었습니다.

해시태그 이벤트를 해봤자 팝업이 끝나는 순간 거의 삭제되
는 것이 현실이지만, 이번 팝업 이벤트를 통해 만들어진 대다
수의 해시태그가 포함된 종가 팝업 이미지는 3개월 이상 유지
되었다는 것에 큰 의미를 두고 있습니다. 그만큼 콘텐츠가 마
음에 든다는 이야기로 해석할 수 있지요. 또 팝업을 진행하는
동안 SNS 등에서 종가와 관련된 '좋아요'와 댓글 수가 총 6만
6,000건 이상 만들어진 것도 체감할 수 있는 캠페인의 성과였
습니다. 판매는 늘 1등이고 수출도 1등이지만 '김치', '종가'가
이렇게 많이 이야기되었던 적이 있었을까요?

대상에서 일한다는 것

이제껏 많은 식품 브랜드를 담당하셨는데요. 지금 이 자리에 오기까지 어떤 경력을 쌓아오셨는지 궁금합니다.

———

처음에는 《보그vogue》에서 일하다 보그 디지털 헤드로서 style.com, 보그 페이스북 등을 만들고 관리하는 일을 했습니다. 13년 반 정도 인쇄 매체를 기반으로 한 콘텐츠를 디지털 콘텐츠로 변경하는 일을 하면서 다른 환경의 매체에서는 어떤 글, 어떤 방식에 소비자들이 반응하는지 직접 경험할 수 있었습니다. 이후 72초TV라는 콘텐츠 제작 회사에서 디지털 시대의 영상 콘텐츠와 브랜드에 관한 경험을 쌓은 후 SPC로 이동해서 본격적으로 식품 브랜드를 다루게 되었습니다. 삼립호빵의 48주년, 49주년을 기념하는 리뉴얼을 했고, 이후 대상으로 이직해서 15개 정도의 각기 다르지만 너무나 의미 있는 브랜드와 관련된 일을 하고 있습니다.

어느 브랜드에서 일하든 무슨 이야기를 할지, 그리고 누구에게 어떻게 이야기할지 매우 세심하게 기획할 수 있는 일을 해온 것 같습니다.

여러 개의 메가 브랜드를 섭렵하면서 다양한 브랜드를 균형 있게 관리할 수 있었던 그룹장님의 노하우가 궁금합니다.

――――

제가 고민해야 하는 브랜드는 10개가 넘는데요. 브랜드 마케터로서 주도적인 태도를 갖는 것이 무엇보다 중요하다고 생각합니다. 먼저 브랜드 커뮤니케이션의 우선순위를 명확히 할 필요가 있습니다. 사람들에게 메시지를 던지고 싶은 브랜드는 특히 더 많은 비용과 시간, 자원을 투자해야 하기 때문에 적어도 3년, 5년 정도 계획을 세워놓고 진행합니다.

일부 브랜드는 당장 제품을 홍보하는 것이 우선일 수 있어요. 그런 경우에는 철저하게 목적에 맞게 제품의 USP와 TPOTime·Place·Occasion를 살려 브랜드 커뮤니케이션을 진행합니다. 어설픈 브랜딩, 어설픈 콜라보레이션, 어설픈 트렌드 따라 하기는 하지 않습니다. 깜짝 놀랄 만한 브랜딩, 세상에 없던 콜라보레이션, 그리고 한발 앞선 트렌드를 만들어야 합니다. 시간이 걸리더라도 이것은 매우 중요하죠. 이 부분은 미원과 종가의 브랜드 활동에서도 계속 지켜왔고 지켜갈 계획입니다.

그룹장님이 생각하는 브랜드에 대한 정의가 궁금합니다.

――――

조금 웃긴 이야기인데, 제가 먼저 좋아해야 '브랜드'라고 생각합니다. 좋아해야 그 브랜드를 관심 있게 들여다보게 되기 때문이에요. 담당한 브랜드에 대해 자나 깨나 관심을 가지고 늘 고민하지 않으면 해결의 발화점을 찾기 어렵고, 그럴수록 다른 브랜드의 성공 사례를 참고하게 됩니다. 제가 생각하는 최고의 브랜드는 팔로어가 아니라 리더 역할을 해야 합니다. 그래서 저는 팀원을 채용할 때도 우리 브랜드를 좋아하는지, 이 업을 좋아하는지, 그래서 준비가 되었는지를 가장 중요하게 생각합니다.

최근 눈여겨보고 있는 브랜드가 있으신가요? 아울러 내년 브랜드 마케팅의 트렌드라고 할 수 있는 것이 있다면 무엇이 있을까요?
——

요즘은 모든 브랜드가 정말 다 잘하는 것 같아요. 아더에러, 무신사 등 너무도 많습니다. 이런 브랜드들은 자신의 브랜드 아이덴티티를 잘 알고 있는 것 같아요. 최근에는 개인적으로 위스키 브랜드에 관심이 많습니다. 과거 인식 속 위스키는 유흥업소에서 다루는 술이었어요. 그런데 요즘에는 하이볼을 시작으로 시장이 점점 확대되고 있어요. 위스키의 영역이 어디까지 확대될지 궁금합니다. 지금의 의식주가 아닌 새로운 영역에서 우리 생활과 연결할 수 있을 것 같다는 기대감을 가지고 유심히 지켜보고 있습니다.

그룹장님은 어떤 리더이자 마케터이신가요? 새로운 발상을 하기 위해 어떤 노력을 하시나요?

———

저와 팀의 발전을 통해 '우리 브랜드가 성장한다는 것을 알려줄 수 있는' 리더가 되고 싶어요. 이를 위한 방안들을 행동으로 실천하고 있습니다. 브랜드는 한 사람이 특출나다고 해서 성공할 수 없습니다. 그런데 브랜드 업계에서는 '내 말이 정답이야'라는 생각의 오류에 빠지기 쉬워요. 왜냐하면 많이 경험해봤고 성공해봤기 때문입니다. 하지만 그동안 얼마나 성공해왔는지 여부와 상관없이 문제는 언제든지 발생할 수 있어요. 그렇기 때문에 함께 이야기하고, 서로 도움을 주고자 노력해야 합니다.

저는 또한 팀원들이 '욕심부리게끔' 만들어주는 리더이기도 합니다. 제가 욕심 많은 리더라서 그런 것 같기도 해요. (웃음) 일을 하다 보면 업무를 시작하는 저나 팀원이 용기를 내는 첫 계기를 만드는 것이 참 어렵습니다. 한 번도 해본 적 없어서 내부에서 쉽게 받아들이기 어려운 다양한 아이디어를 최대한 도출해낸 후, 오랫동안 브랜드에 몸을 담고 있는 여러 동료들과 의사결정권자를 설득해 아이디어를 편안하게 이야기할 수 있는 판을 만듭니다. 그러면 서로의 눈높이를 맞추고 같은 곳을 바라볼 수 있게 됩니다. 더불어 우리의 명확한 지향점을 알려주고 같이 가자고, 갈 수 있다고 이야기하죠. 그런 과정을 거쳐 미원도, 종가도 변할 수 있었어요.

'이정훈'이라는 브랜드는 어떤 브랜드인가요?

——

에너지가 끝없이 넘치는 사람이라고 생각합니다. 무엇보다 제가 좋아하는 것을 명확하게 잘 알고 있어요. 그리고 동시에 하고 싶은 것도 많아서, 행동으로 실천하고 그것을 향해 달려갑니다. 철이 조금 든, 펄쩍펄쩍 뛰어다니는 망아지 같은 브랜드라고나 할까요? (웃음)

최악의 산업 위기에서
가장 큰 성장을 이뤄내다

김용경   여기어때컴퍼니 브랜드실 실장

"지금 당장 떠날 수 없는 사람들에게 대리만족할 수 있도록 만든 콘텐츠였는데 결국 사람들의 여행하고 싶은 심리를 자극했어요. 가장 어렵다고 느꼈을 그 시기에 여기어때는 오히려 브랜드 지표와 매출 모두 가장 큰 성장을 보였습니다."

종합 여행 여가 플랫폼 여기어때의 브랜드를 만들어가고 있는 김용경 실장. 브랜드 전략과 디자인, 공간, 광고, 홍보, ESG, 사진, 영상, 소셜 콘텐츠 등 다양한 영역을 넘나들며 대한민국 국민 5명 중 3명(활성화 기기 기준 1,100만 명)이 사용하는 앱으로 이끌고, 2년 넘게 여행 카테고리 분야 월 다운로드 수 1위를 이어가고 있는 등 눈에 띄는 성과를 이끌어냈다. 광고 대행사, 홍보 대행사, 제작 PD, 이커머스, 컨설팅 경력에 에어비앤비 슈퍼호스트, 뮤지컬 배우, 공연 연출가, 앨범 프로듀싱까지 경험하는 등 넓은 커리어 스펙트럼을 바탕으로 브랜드 업계에서 시너지를 내고 있다.

브랜딩의 핵심은
브랜드의 중심을 잡는 것

여기어때는 어떤 브랜드인가요?

———

종합 여행·여가 플랫폼인 여기어때는 설립된 지 10여 년이 넘었지만 아직도 새롭게 시작하고 도전하는 브랜드입니다. 2020년, 브랜드 방향성을 다시 잡아 리브랜딩을 진행하면서 숙박 중심이던 브랜드 초기 플랫폼에서 '특별하고 놀라운 경험들을 통해 사람들의 삶이 풍요로워지도록 도와주자'라는 사명을 가진 브랜드로 발돋움했어요. 코로나 19로 전 세계가 힘들었던 시간을 잘 넘기고 지금은 새로운 국면을 맞이하고 있어요. 새로워진 브랜드 메시지를 효과적으로 전달하기 위해 다양한 캠페인과 브랜드 프로젝트를 진행하고 있습니다.

최근 여기어때가 가장 관심을 기울이고 있는 영역은 무엇인가요?

———

예전이나 지금이나 동일한 것 같아요. 여기어때는 여행을 통해 사람들의 삶에 즐거운 경험이 끊이지 않도록 돕고자 합니다. 이를 위해 여행에 대한 다양한 의견을 반영해 꾸준히 여행 상품이나 콘텐츠를 개발하고 있습니다.

여기어때가 나아갈 방향성을 새롭게 잡으면서 특히 신경 썼던 부분이 있을까요?

———

여기어때가 지켜야 할 것과 시대가 변화함에 따라 바뀌어야 할 것들을 정의하는 것이었어요. 여행의 본질은 지키지만 변할 수 있는 것들은 과감하게 재정의했습니다. 경쟁사를 새롭게 정의하는 것도 필요했어요. 특히 같은 산업의 다른 브랜드가 아닌, 넷플릭스나 디즈니+ 같은 OTT 서비스, 그리고 배달 앱 등 '집에 오래 머무르게 하는' 브랜드를 경계해야 했습니다. 그래서 사람들이 밖에서 활동할 수 있도록 하는 것으로 방향성을 잡고 뾰족한 브랜딩을 하면서 브랜드 메시지를 쌓았습니다.

더불어 브랜드가 방향을 새로이 잡았다는 것을 알리기 위해 기존 브랜드 콘텐츠 메시지와 톤앤무드를 바꾸었습니다. 광고 캠페인에서 가장 안 좋은 커뮤니케이션은 광고모델과 크리에이티브는 기억하지만 브랜드 메시지는 휘발되는 것이라고 생각합니다. 여기어때의 방향성에 맞는 브랜드 메시지가 층층이 쌓일 수 있도록 여기어때만의 커뮤니케이션 무드를 고민했어요. 또한 브랜드 이미지가 정립되지 않은 상황에서 빅모델 전략을 고집하는 것은 효과적이지 않다고 생각했습니다. 여기어때만의 메시지를 잘 전달할 수 있는 전략을 세운다면 어떤 모델도 괜찮다고 생각했고, 이에 따라 당시 많이 알려지지 않아 선택하기 쉽지 않았던 여행 유튜버 빠니보틀과 식도락 유튜버 마츠다 부장 등 인플루언서를 모델로 기용해 여기어때만의 메시지를 전달했습니다.

여기어때하면 수많은 인플루언서가 여기어때 CM송을 즐겁게 부르며 여행하는 모습이 떠올라요. 매 시즌 높은 조회수를 기록할 만큼 반응이 좋습니다. 다음엔 누가 나올지 기대되기도 하고요. 이들을 통해 전하고 싶은 메시지는 무엇인가요?

———

'여행할때 여기어때'요. 사람들이 여행을 생각하면 여기어때를 떠올리도록 하는 데 집중하고 있습니다. 예전과 달리 광고나 콘텐츠가 사라지지 않고 계속 남아 있는 세상이 되었습니다. 시간이 지나도 검색이나 알고리즘에 의해 계속 보이기 때문에 언제 봐도 유효한 콘텐츠를 만들려고 노력합니다. 사람들마다 여행 가고 싶어지는 포인트가 모두 다르고 다양하기 때문에 '여행할때 여기어때'라는 메시지를 다양한 화자와 상황을 통해 전달하고 있어요.

광고를 넘어 '지금, 여기 시리즈', '여행 플레이 리스트(여플리)' 등 여행과 관련된 콘텐츠를 만들면서 고객과의 접점을 점점 넓

다양한 모델을 기용한 여기어때의 과감한 시도.

혀가고 있는데요. 이렇게 하는 이유가 있으신가요?

———

브랜드는 비용을 들여 광고를 만드는데, 고객은 돈을 지불하더라도 광고를 보지 않으려고 하는 아이러니한 상황이에요. 유튜브 프리미엄 같은 유료 서비스 가입자가 늘어나고 있는 데서 이런 움직임을 엿볼 수 있습니다. 고객과 커뮤니케이션하기 위해서는 결국 콘텐츠에 브랜드 메시지를 녹여야 했어요. 이제 좋은 시간대, 좋은 지면을 선점해서 광고하는 것보다 '인기 급상승 동영상'이 될 수 있도록 좋은 소재를 찾아내는 것이 중요합니다. 그래서 무엇보다 사람들이 찾아보는 콘텐츠를 기획하려고 하죠. 상업성을 가진 브랜드의 콘텐츠가 자생력을 갖고 사람들이 좋아하는 콘텐츠가 되는 일은 정말 어렵습니다. 그래서 여기어때의 광고 콘텐츠가 인급동(인기 급상승 동영상)에 올라가면 팀원들과 기쁨을 감추지 않고 좋아합니다.

단단한 중심에서
이루어낸 변주

지금까지 여러 브랜드와 재미있는 조합으로 콜라보레이션을 진행하셨어요. 협업하는 브랜드를 선택하는 기준이 있을까요?
———

사람들의 여행하고 싶은 욕구를 자극할 수 있는 브랜드라면 어떤 브랜드든 열려 있습니다. 2023년 교보문고와 '여행책방'을 진행했어요. 유동인구가 많은 교보문고 강남점에서 독서의 계절이라 불리는 가을에 '여행책방'을 오픈했지요. 여기어때 로고를 기반으로 잘난체폰트와 책 속의 다양한 문장을 모아 사람들이 지금 당장 여행을 떠나고 싶도록 만들었습니

여행 가고 싶은 마음을 자극한 여기어때 × 교보문고의 '여행책방'.
여행 연관성이 높은 콘텐츠로 브랜드 자산을 쌓고 있다.

다. 기대보다 많은 사람들이 방문하고 주위에 입소문을 내는 등 의미 있는 프로젝트였습니다.

여기어때에서만 볼 수 있는 오리지널 콘텐츠도 소개 부탁드립니다.

———

오리지널 콘텐츠는 여기어때만이 가지고 있는 차별화된 콘텐츠를 말합니다. 대표적으로 유튜브 인플루언서들과 함께 여러 여행지를 소개하고 남들이 알지 못하는 여행지의 맛집, 숙소, 여행 팁을 알려주는 '여기어때 투어'가 있어요. 사람들의 버킷리스트에 들어갈 만한 여행을 패키지로 만든 '여기어때 버킷팩'도 빼놓을 수 없지요. 이 아이디어는 여기어때의 모델이었던 노홍철, 원지, 빠니보틀과 연말 송년회에서 이야기를 나누다가 기획하게 되었어요. 여기어때에 입점한 프리미엄 호텔과 리조트인 '여기어때 블랙', 그리고 아티스트들과 특별한 소통을 할 수 있는 프라이빗 콘서트를 패키지로 묶은 '여기어때 콘서트팩'도 있습니다. 여기어때는 이렇듯 여행을 떠나고 싶은 마음을 자극하는 진정성 있는 다양한 프로젝트들을 계속해서 만들고 있습니다.

위기를
돌파하는 법

코로나 19가 전 세계를 강타하면서 여행 및 숙박 관련 플랫폼 브랜드는 엄청난 변화를 겪었습니다. 종합 여행·여가라는 브랜드 키워드에 전적으로 반하는 상황에서 살아남기 위한 여기어때만의 브랜드 전략이 있었을까요?

———

여기어때만의 브랜드 전략이라고 할 수 있을지는 모르겠지만 변화하는 시대를 읽고 거기서 얻은 것들을 적용해 오히려 위기 속에서도 성장할 수 있었어요. 여기어때가 리브랜딩하던 시기는 코로나 19로 인해 사람들의 행동이 제약 받던 시기였습니다. 국내는 물론 해외여행이 모두 멈췄던 시기였지요. 감염병 예방을 위해 시행되는 정책도 불리하기는 마찬가지였어요. 하지만 여기어때는 이러한 상황을 계기로 어떤 메시지를 던져야 할지 치열하게 고민했습니다. 시장조사 등 데이터를 보니 한적하고 조용한 국내 여행을 가고 싶어 하는 분위기를 읽을 수 있었어요. 이에 볼빨간사춘기 안지영과 폴킴을 광고 모델로 기용해 '혼자 한적한 시골로 여행 가는 거 어때'라는 메시지를 던졌고, 많은 사람들의 공감을 얻었습니다.

시간이 조금 지나자 코로나 블루로 가까운 곳에서 호캉스를 즐기는 사람들이 많아졌어요. 감염병의 심각도에 따라 여행에 대한 방역 지침이 달라지다 보니 짧게라도 지금 당장 떠날 수 있는 여행을 선호한다는 패턴을 발견할 수 있었죠. 이에 제휴점들과 협업해 체크인 당일에 예약을 취소해도 수수료를 부과하지 않는 제도를 시행했습니다. 코로나 19로 확진 받으면 이동이 불가능했으니까요. 브랜드로선 쉽지 않은 결정이었지만, 긍정적인 고객 경험을 만드는 것을 우선으로 생각했어요.

코로나 19가 장기화되면서 유튜브에서는 해외 여행지에서 운전하며 돌아다니는 영상이 꽤나 인기를 얻었어요. 이에 주목해 '지금, 여기'라는 콘텐츠를 기획했어요. 지금 당장 떠날 수 없는 사람들에게 현재 그 여행지의 모습을 보여주자는 취지였죠. 사람들이 대리만족할 수 있도록 만든 콘텐츠였는데, 결국 사람들의 여행하고 싶은 심리를 자극했어요. 역시 여행은 직접 떠나고 경험해야 하나 봐요. (웃음) 모두가 가장 어렵다고 느꼈던 그 시기에 여기어때는 오히려 브랜드 지표와 매출 모두 가장 큰 성장을 이뤘습니다.

어려운 시간을 견디고 극복할 수 있었던 여기어때만의 원동력이 궁금합니다.

———

시대를 잘 읽고 분석해서 대응하고 실행할 수 있는 조직과

'혼자 한적한 시골로 여행 가는 거 어때?'
코로나 19로 여행이 제한되었던 당시, 사람들의 공감을 샀던 여기어때 광고 캠페인.

환경이 원동력이 되지 않았나 싶습니다. 여기어때 브랜드에 새로 합류하는 동료들이나 함께 일하는 파트너사들을 통해 조직에 대한 피드백을 받는데요. '모두가 생각보다 애사심이 있다'는 재미있는 피드백을 받기도 했습니다. 브랜드에 애정이 강한 조직원들과 함께 브랜드를 담당하는 건 많은 장점이 있어요. 특히 일에 대한 기대치가 높아 함께 도전할 수 있는 용기를 얻을 수 있습니다. 어디나 마찬가지겠지만, 함께 일하는 동료가 가장 큰 복지입니다.

앞으로 5년, 10년 후 여기어때는 어떤 브랜드가 되고 싶으세요? 여행, 여가 업계는 어떤 방향으로 흘러갈까요? 이에 맞춰 어떤 노력을 하고 계신지 말씀해주세요.

———

계속해서 고객의 목소리에 귀를 기울이고 반응하는 브랜드가 되고 싶어요. 단순 서비스 혹은 앱이 아닌 브랜드로서 여기어때가 고객에게 관심이 있고, 고객의 소리를 듣고 싶어 한다는 진심을 전달하고 싶습니다. 실제로 여기어때를 사용하는 사람들에게 많은 피드백을 받고 있어요. 해외 숙소나 항공의 경우, 여기어때의 모델이자 고객인 빠니보틀이 앱에서 보완했으면 하는 점에 대해 적극적으로 의견을 주어서 해외 숙소 예약과 검색 기능 강화에 이를 반영하기도 했습니다. 여기어때 버킷팩 시리즈는 기획 단계부터 셀럽들과 함께 고민하고, 실제로 여행지에 다녀온 고객들이 느낀 점을 직접 듣고 반영한 결과물입니다. 여기어때의 콘텐츠나 상품들이 완벽할 수는 없지만, 이런 다양한 시도를 통해 여기어때가 여행에 진심이고 콘텐츠에 디테일을 많이 녹이려고 애쓰고 있다는 것이 전달되기를 바랍니다.

더불어 '여행과 여가'라는 큰 영역에서 종합적인 화두를 던진 뒤 함께 고민하고 이야기할 수 있는 브랜드가 되었으면 좋겠습니다. 여행지와 영역을 제한하지 않고 발을 뻗어 나가고자 하는데, 그중 '가보지 못한 곳'을 여행하는 것까지 확장해보고 싶습니다. 멀리 보면 여기어때와 함께 우주나 하늘을 여행할 수도 있겠지요. (웃음) 생각보다 머지않은 미래라고 생각해요.

여기어때컴퍼니에서 일한다는 것

여기어때컴퍼니에서 일한다는 것은 실장님에게 어떤 의미를 갖나요?

——

제가 담당하는 브랜드가 점점 성장하는 과정을 지켜볼 수 있다는 것에 큰 의미를 두고 있습니다. 어려운 상황에서도 계속 성장하는 브랜드를 만날 수 있었다는 것 그 자체가 저에게는 즐거운 도전이었어요. 여기어때에 합류하고 싶었던 이유이기도 하지요.

지금의 자리에 오기까지의 여정이 궁금합니다.

——

처음 출근했을 때 "일보다 다른 것을 더 잘하는 YK입니다"라고 저를 소개한 기억이 나네요. 저의 강점은 무엇보다 다양한 경험을 쌓아온 것이라고 할 수 있습니다. 4대 보험을 적용받는 직장으로는 홍보, 광고 대행사와 브랜드 컨설팅, 이커머스 플랫폼에서 일했어요. 이밖에 어린 시절 누나를 따라 오디션장에 갔다가 뮤지컬 극단에 들어가 뮤지컬 배우를 하기도 했어요. 세종문화회관 대극장에 주연으로 서보기도 했고, 그 과정에서 자연스럽게 무대연출과 무대미술 등을 경험해보기도 했습니다. 영화 크레디트를 보면서 발견한 A&R_{Artists and Repertoire}(레코드 회사 제작부에 소속되어 신인 아티스트 발굴, 레코드 기획·제작 등을 하는 스태프)가 멋있어 보여 작사가, 작곡가, 가수들을 섭외해 크라우드 펀딩으로 음반을 제작하고 프로듀싱을 해보기도 했고요. 나만의 브랜드를 가지고 싶어서 티셔츠와 가방, 기타 피크 등을 만들어 사업자등록증을 내보기도 했고, 에어비엔비 슈퍼호스트가 돼보기도 했습니다.

돌아보니 좋아하는 일을 찾아서 열심히, 즐겁게, 다양한 경험을 쌓아왔네요. 이러한 경험들이 새로운 일을 시작하는 데 도움이 된 것 같아요. 지금은 조금 게을러진 것 같아 반성 중이지만, 다시 주변을 두리번거리면서 재미있는 일을 찾으려 노력하고 있습니다.

빠르게 변화하는 시대에 발맞추기 위한 실장님만의 노하우가 있으신가요?

——

브랜드 업계는 너무도 빨리 변해요. 시시각각 바뀌죠. 그래서 저만의 관점이 무엇보다 중요하다고 생각합니다. 저만의 통찰을 얻기 위해 가능한 한 많은 사람들을 만나려고 해요. 특히 지금 제가 일하는 영역이 아닌 다른 영역에 있는 사람들과 만나는 것을 좋아해요. 배우, 자영업자, 선생님, 중학생, 외국인, 공연 연출가, 사진작가, 댄서, 인플루언서 등등. 그렇게 다양한 분들과 만나며 그들을 통해 새로운 생각과 영감들을 얻습니다. 지난주에 본 드라마 얘기만 해도 그들의 시선과 해석이 저와 완전히 다르다는 것을 느낄 수 있어요. 새로운 관점을 통해 많은 자극을 받습니다.

실장님이 생각하는 좋은 브랜드란 무엇인가요? 좋은 브랜드가 되기 위해서 어떤 것을 갖춰야 할까요?

——

좋은 브랜드가 되기 위해서는 시간이 지날수록 해당 브랜드만의 메시지가 겹겹이 쌓여서 더욱 명확하고 선명해져야 합니다. 좋은 브랜드는 많이 있지만, 좋은 브랜드로 오래도록 생존하는 것은 정말 어려운 일이라고 생각해요. 오랜 세월 계속해서 생존해 있는 모든 브랜드를 좋은 브랜드라고 생각합니다.

최근 눈여겨보고 있는 브랜드가 있으신가요?

——

요즘에는 브랜드보다 브랜드에 엮여 있는 사람들을 관심 있게 보고 있습니다. 브랜드를 만들고 사용하는 사람들이요. 제가 잘 모르는 분야이기는 하지만, 명품 브랜드들도 흥미 있게 구경하고 있어요. 최근 들어 명품 브랜드들이 시대의 흐름에 따라 혹은 생존을 위해 스트리트 브랜드나 애니메이션 캐릭터와 콜라보레이션을 하는 등 전혀 예상치 못한 움직임을 보이더라고요. 디자이너가 바뀌면서 전혀 다른 브랜드가 되기도 하고요. 소비층이 젊어지면서 명품의 가치나 위치가 더 넓어지고 변화하는 모습을 보면서 '고고하고 흔들림 없어 보이는 브랜드도 바뀔 수 있구나'라고 깨닫는 것 자체가 재미있어요.

아무래도 여행, 여가와 관련된 산업군이다 보니 상대적으로 활발한 성향의 팀원들이 많을 것 같습니다. 이러한 조직에서 실장님은 어떤 리더이신가요? 좋은 리더가 되기 위해서 꼭 지키고자 하는 원칙이나 기준이 있으신지요?

―――

저는 모두가 사심으로 일하고 그것을 서로가 공개적으로 말할 수 있는 분위기의 조직을 만들고 싶어요. 개인의 사심과 회사의 방향성이 조금이라도 겹치는 부분이 있다는 건 너무나 행복한 일이거든요. 우리가 경계해야 하는 것은 흑심같이 개인의 이익만을 위해 일하는 거예요. 내가 좋아하고 관심 있고 잘하고 싶은 영역은 자신 있게 표현할 수 있는 조직이 되길 바랍니다. 그러기 위해서는 리더나 조직이 표현하고 이야기할 수 있는 문화를 더 많이 만들어야 하지요. 그 부분을 가장 고민하고 있습니다.

'김용경'이라는 브랜드는 어떤 브랜드인가요?
———

막연하게 바라는 것은 브랜드가 생겼을 때보다 폐업했을 때 사람들이 아쉬워하는 브랜드, 그런 사람이 되고 싶어요. 생일이나 결혼식보다 더 이상 새로운 것을 만들어내지 못하는 마지막 자리인 장례식에 더 많은 사람들이 모여 저라는 브랜드를 떠올리며 아쉬워했으면 좋겠습니다.

세상에 없던
경험을 제안하다

$(오혜원)$ **LG전자 HE사업본부 상무**

"업계에서는 올레드 TV 때문에 눈 버렸다고 해요. 다른 디스플레이로는 올레드 TV 같은 느낌을 낼 수 없기 때문이에요. 세상에 두 종류의 사람이 있는 거죠. 올레드 TV를 경험해본 사람과 그렇지 않은 사람."

LG전자 HE Home Entertainment 사업본부의
브랜드 커뮤니케이션을 담당하고 있는
오혜원 상무는 HE사업부에서 만드는 모든 제품의
글로벌 브랜딩뿐 아니라 외부와의 커뮤니케이션을 담당하고 있다.
LG전자 HE사업부는 TV, 오디오, 뷰티 등
'휴미락', 즉 휴식과 아름다움, 그리고 즐거움을 위한 제품을 만든다.
오혜원 상무는 그중에서도 특히 LG 올레드 TV의 매력을 사람들이
직접 느낄 수 있도록 하기 위해 노력하고 있다.

불가능했던
제품이 탄생하다

상무님에게 LG전자와 LG 올레드는 어떤 브랜드인가요?

LG전자는 고객에 집중하는 기업입니다. 기업이 고객에게 관심을 갖는 것은 당연한 일이지만, LG전자의 고객 집중은 집착에 가까운 수준이라고 해도 과언이 아니에요. 고객의 사소한 불편이나 아직 스스로 인식하지 못한 니즈까지 끊임없이 발견하고 개선하는 과정을 반복합니다. 이렇듯 집요하다 싶은 과정을 거쳐 고객의 일상에서 단 한순간도 빼놓지 않고 함께하는 냉장고, 세탁기, TV, 에어컨이 만들어지는 거죠. 오랜 시간 동안 고객의 모든 삶에 함께한다는 책임감이 이런 태도를 만들었다고 생각해요.

LG 올레드는 LG전자가 10년간 수많은 어려움 속에서도 홀로 꿋꿋하게 지켜온 '소중한 보물'이라고 표현할 수 있어요. OLEDOrganic Light Emitting Diode라는 자발광Self Lit 물질을 활용해 대형 디스플레이를 만드는 기술은 당시 일본의 선진 TV 제조사들도 '후지산을 물구나무 서서 올라가는 것만큼 불가능한 일이다'라며 고개를 가로저었고, 삼성전자도 OLED TV 출시를 선언했다가 철회할 만큼 불가능한 도전이었어요. 하지만 LG

전자는 실제로 10년이라는 긴 시간 동안 자회사인 LG디스플레이를 통해 올레드 패널을 생산하고 이를 제품화해 꾸준히 성장시켜왔으니, 얼마나 귀하고 소중하게 생각할지 짐작할 수 있을 겁니다.

올레드가 '스스로 빛난다'는 것은 어떤 의미인가요? 기술을 알기 쉽게 설명해주신다면요?

———

본격적으로 브랜드에 대한 이야기를 하기에 앞서, 우선 TV 기술의 기본 개념을 먼저 설명해야 할 것 같아요. TV는 기본적으로 뒷판의 광원 장치가 앞 화면에 빛을 쏘아 작동합니다. 이 공간을 확보하기 위해 초기 TV 모델은 뒤가 뭉툭한 디자인이 나올 수밖에 없었어요. 이후 LCD가 개발되면서 TV 뒷면이 평평해지고 두께가 점점 얇아졌지만, 여전히 뒷판에서 빛을 쏘는 방식은 동일했기 때문에 아무리 기술이 발전해도 줄일 수 있는 두께에는 한계가 있었어요. 그러다 보니 TV는 거실 한 면을 차지하는 기존의 쓰임새에서 벗어날 수 없었죠.

스스로 빛을 내는 OLED 기술의 발명은 기존 기술의 문법을 벗어나는 새로운 혁신이었어요. 뒷판의 광원 단자가 필요 없기 때문에 두께를 혁신적으로 줄일 수 있고, 휘거나 투명한 디스플레이로 나아갈 수 있기 때문에 OLED는 곧 무한한 확장을 의미했지요.

이론적으로는 가능하더라도 기술을 실제로 구현해내는 것
은 어려운 일이고, 사업적으로 이익이 나지 않으면 상용화할
수 없잖아요? LG전자는 새로운 단계에 이를 때마다 다른 모든
브랜드가 불가능하다며 손을 뗄 때도 포기하지 않고 결국 올레
드 TV를 만들었습니다. 이런 과정을 거치다 보니 기술과 제품
이상의 의미와 가치를 느끼게 된 것도 당연하지요. OLED는 '오
엘이디'로 읽는 것이 맞지만, LG전자가 이를 '올레드'라고 가장
먼저 부르면서 고유한 브랜드가 탄생했어요.

세상에 없던 것을 처음 이야기하는 과정은 쉽지 않았을 것 같아
요. 세상에 새로운 메시지를 던지기 위해서는 어떤 커뮤니케이
션 방법이 필요할까요?

———

요즘 세대는 가격보다 자신의 취향을 앞에 두잖아요? 구독,
할부, 공유 등 그것을 소유하거나 경험하는 방법도 다양하고
요. 저는 이런 모습을 보며 사치보다는 가치를 아는 세대라고
생각했어요. 마음을 열고 접는데 가격보다는 '내가 이 제품(서
비스)을 어떻게 200%의 활용법과 가치로 쓸 것이고, 그 결과
어떤 즐거움을 얻을 것인지' 분명하게 따져보는 것이죠. 저는
그렇게 못 하지만요. (웃음) 그래서 이들에게는 긴말하지 않고

'경험할 수 있는 최고의 디스플레이'라는 점을 내세웠어요.

　디스플레이 영역에서 우리끼리는 올레드 TV 때문에 눈 버렸다고 해요. 한 번 보고 나면 다른 디스플레이로는 올레드 TV와 같은 느낌을 받을 수 없기 때문이에요. 세상에 두 종류의 사람이 있는 거죠. 올레드 TV를 경험해본 사람과 그렇지 않은 사람. 올레드 TV를 한 번이라도 접했다면 그 압도적인 경험을 포기할 수 없을 거라고 자부해요. 개인적으로 우리는 한정된 시

일상 어디에서든 압도적인 경험을 선사하는 올레드 TV.

간을 살기 때문에 가능한 한 최고의 경험을 누려야 한다고 생
각해요.

올레드 TV는 소비자뿐만 아니라 많은 업계에도 영향을 주었어
요. 특히 어떤 산업에서 가장 사랑받고 있나요?
———

디스플레이가 필요한 상황은 다양해요. 직관적으로는 웹
OS(운영체제) 기반의 자동차 디스플레이에 활용될 수 있습니
다. 다양한 B2B 산업군, 가령 매장 내 투명 쇼케이스나 레스토
랑의 인포메이션 디바이스, 지하철의 인포메이션 윈도 등도 포
함되지요.

디스플레이가 필요한 모든 산업군에서 다양한 협업을 통해
고객과 만나고 있어요. 이러한 비즈니스 형태는 더욱 성장할
전망입니다. 사람들의 시야를 방해하지 않으면서 그들이 원하
는 정보에 쉽고 아름답게 접근할 수 있도록 하는 것이 앞으로
의 목표예요.

이를 가능하게 하는 LG전자의 정신은 무엇인가요?
———

LG전자만의 가장 차별화된 정신을 꼽으라면 단연 고객 중
심의 가치 지향입니다. 다소 뻔하게 들릴지도 모르지만 실제

로 이 원칙은 모든 LG전자 구성원의 지향점이에요. 고객의 잠재적 니즈와 불편까지 미리 예측하고 더 나은 경험을 제공하기 위해 각자의 분야에서 기술을 개발하고, 디자인을 만들고, 마케팅을 펼치고, A/S에 집중합니다. 마치 북극성처럼 '고객'은 LG전자의 지향점이지요. 실제로 하루 종일 가장 많이 듣고 말하게 되는 단어이기도 하고요. 많은 브랜드들이 고객을 위한다고 하지만, 실제 의사결정 과정, 더 나아가 브랜드가 해결하고자 하는 지향점이 고객 편의인 브랜드는 많지 않아요. LG전자는 모든 의사결정 과정, 그리고 프로젝트의 출발점이 고객에게 맞춰져 있습니다. 실제로 LG전자 브랜드 가치 중 하나가 '타협 없는 고객 경험uncompromising customer experience'일 정도로요. 이 정도까지 고객을 들여다보는 기업은 아마 없을 거라고 생각합니다.

마케팅이란
중력의 중심을 찾는 것

그렇다면 많은 사람들이 올레드 TV를 경험해보게 하는 것이 순서일 것 같은데요. 상무님은 고객과 올레드 TV의 접점을 넓히기 위해 어떤 마케팅을 펼쳐오셨나요?

우선 저는 마케팅이 중력의 중심을 찾는 일이라고 생각해요. 매력적인 마케팅이란 나도 모르게 끌려가는 중력의 중심 같은 거죠. 건축에서 건물을 설계할 때 COG Center of Gravity를 가장 먼저 설계해요. 예를 들어, 카페 공간을 만들 때 다른 것들은 모두 걷어내더라도 결코 묻히지 않을 한 요소를 설계하는 거죠. 바로 그것을 보고 사람들이 모이는 겁니다. 이 말이 정말 마음에 와닿았습니다.

결국 팬들이 열광할 하나의 브랜드 경험을 만든다는 말이지요. 아미도 BTS라는 중심으로 끌려 들어간다고 말할 수 있어요. 그 중심을 만드는 게 이 일의 매력이에요. 흔히 말하는 세분화는 바로 우리 브랜드를 사랑하는 사람이 이끌릴 수 있도록 올바른 중심축을 찾아 그곳으로 브랜드의 축을 옮겨두는 일이라고 생각해요. 올레드 TV에도 이 COG를 찾는 일을 적용했어요. 어딘가에 흩어져 있을 올레드 TV를 좋아하는 혹은 좋아할 사람들을 찾아서 모일 수 있는 장을 만드는 것이 필요했어요.

요즘은 취향이 세분화되어 한 세대를 대표할 만한 굵직한 대표적인 트렌드가 잘 보이지 않아요. 그만큼 올레드 TV의 팬들도 다양하고 다층적인 '축'을 가지고 있지 않을까요? 상무님은 어느 축을 가장 유의미하다고 보시나요?

저는 긍정적인 반응도 부정적인 반응도 모두 유의미하다고 생각해요. 그중에서도 어둠 속에 있어서 안 보이던 것들이 올레드 TV로는 보이기 시작했다는 반응들이 재미있었습니다. 영화를 예로 들면, 〈반지의 제왕〉에서 어둠 속의 적들이 보이고, 〈타이타닉〉에서 쏟아질 것 같은 밤하늘의 별들이 보여 감동이 커졌다고 하더라고요.

그중에서도 제 눈에 가장 띄는 축은 게임이었어요. 게임은 가장 트렌디하고, 무엇보다 게임을 즐기는 사람들은 자신이 좋다고 생각하는 걸 주변에 적극적으로 권한다는 특징이 있어요. 10만 원짜리, 50만 원짜리 디스플레이도 시장에 충분한데, 굳이 200만 원짜리 올레드 TV를 사고 그 경험을 같은 유저들에게 자발적으로 '영업'하는 거죠.

게임 중에서도 한 번 더 대상을 좁혀 '포르자 호라이즌'이라는 드라이빙 게임에 특히 집중했습니다. 게임 인더스트리에서 이 게임이 차지하는 포지션은 미미하지만, '보이는 것'에 굉장히 민감한 게임이기 때문이었어요. 게임 속에서 이들이 만나는 풍경은 단순히 상상 속 그래픽이 아니에요. 실제 장소를 바탕으로 몰입감 넘치게 재현해 내, 게임 도중 스크린샷을 찍어 '베스트 뷰 포인트best view point'라는 해시태그로 유저들끼리 공유하는 문화가 있을 정도였어요. 그렇기에 이들에게는 모니터가 아닌 두 눈으로 현장에서 보는 듯한 디스플레이가 너무도 중요했지요. 이를 위해 게임 속 날씨에 따른 작은 요소까지 반영해야 했는데, 기존 디스플레이에선 보이지 않던 눈 결정이 올레드 TV에선 하나하나 보인다고 하더군요.

이런 경험을 통해 올레드 TV 팬이 된 규모는 소수였지만, 우리 브랜드의 진짜 팬이 된 이들을 모아서 오프라인 행사를 개최해 그 순도를 더욱 높였어요. 최고의 경험을 할 수 있는 행사를 통해 올레드 TV를 사용한다는 것에 대한 자부심을 LG전자 임직원만큼 가질 수 있도록 만들었죠. 우리 브랜드의 가치와 매력에 열광하는 사람들로 좁히고 좁혀서 들어갔다는 면에서 중심축을 그들에게 옮긴다는 말은 기존 팬덤 마케팅과는 다르다고 말씀드리고 싶어요.

포르자 호라이즌의 성공 사례가 '금성오락실'이라는 브랜드 경험으로 이어진 것일까요?

———

네, 맞아요. 게임 인더스트리에 올레드 TV를 접목한 마케팅을 경험한 후, 우리나라에서도 적용하려고 하니 전혀 다른 시장인 거예요. '요즘 우리나라 젊은 세대가 좋아하는 특징이 뭘까?'를 찾다 보니 레트로와 럭셔리로 좁혀졌죠. 게임을 좋아한다는 것은 같지만 세세한 특징은 달랐기 때문에 이들에게 맞도록 중심축을 조정해야 했어요.

'성수'라는 로컬의 특성을 반영한 첫 번째 결과물이 '금성오락실'입니다. 내가 어릴 때 해봤던 혹은 평소에 좋아하는 게임을 트렌디한 성수에서 즐기면서 '똑같은 게임도 우리 집 모니터와는 이렇게 느낌이 다르구나' 하는 것을 자연스럽게 느끼도록 했죠. 현재 주 소비층은 아닐 수 있어도 훗날 이들이 TV를 구매할 때 '그때 직접 경험해보니 올레드 TV가 정말 좋았어'라는 기억과 함께 '가능하다면 올레드 TV를 사고 싶어'라고 생각하면, 그것만으로도 충분하다는 판단으로 오락실을 열었어요.

성수에서 금성오락실을 마감하는 날 아침에 20대 중반 남성분이 음료수를 몇 개 들고 오시더라고요. 입구에 있는 직원들한테 나눠주곤 90도로 인사하면서 "그동안 너무 행복했습니다"라고 하시는데, 그 장면을 평생 잊지 못할 것 같아요. 직장이 근처여서 점심시간마다 30분씩, 어떤 날은 식사도 하지 않고 한 시간씩 거의 매일 방문해 스트레스를 풀고 가셨대요. 누군가에게는 금성오락실이 일시적인 팝업으로 끝나는 이벤트일 수도 있지만, 그분에게는 '떠올렸을 때 입가에 미소가 지어지는 브랜드 경험'이었던 거죠.

게임에 이어 또 다른 축인 아트도 눈에 띕니다. 2023년 프리즈 서울Frieze Seoul에서는 김환기 작가의 추상미술을 재해석했고,

10년을 좌우하는 LG전자의 올레드 TV.
성수 금성오락실에서 게임을 올레드 TV로 구현한 모습.

———

아트는 제가 늘 관심을 갖고 있는 분야로, 올레드 TV에 미
디어아트를 담으면 TV의 역할이 수동적인 TV에 국한되지 않
고, 아름다운 작품을 감상할 수 있는 하나의 능동적인 액자가
될 수도 있겠다는 생각이 들더라고요. 더 나아가 미술작품과
TV를 연관 지어 사람들이 모이고 대화를 나눌 수 있는 장소를
만들자는 생각에서 발전한 결과물이죠.

처음에는 미디어아트 작가들에게 올레드 TV를 통해 구현
할 수 있는 미디어아트를 만들고 함께 전시하자는 제안을 했
어요. 런던 아트 갤러리에서 첫 전시를 열면서 많이 걱정되더
라고요. 작가들이 올레드 TV의 특징을 이해하고 기술을 본인
들의 미디어 작품에 적용하는 데 많은 노력과 시간이 필요했
거든요. 올레드 TV의 화질 구현 능력은 관객에게 정교한 아름
다움을 선사하지만, 고화질로 구현되기에 상당한 작업의 난이
도와 시간, 그리고 투자가 요구됐기 때문이죠. 다행히 대부분
의 작가들이 올레드 TV를 머릿속에서 구상한 작품의 색감이
나 디테일을 표현하기에 최적화된 디스플레이로 인정해주고,
작업 과정에서 팬이 되는 일이 많았습니다.

덕분에 초반의 걱정이 무색하게 연일 매진되며 관객들에게

새로운 경험과 위로를 선사할 수 있었어요. 저렴하지 않은 티켓 가격에도 유기적이고 자발적인 반응이 쏟아져 나왔지요. 현장의 모습을 틱톡에 담아 자신만의 콘텐츠로 재가공한 분도 있었어요. 사람들의 긍정적인 피드백을 보면서 뿌듯하고 그동안의 노력을 인정받은 것 같아 행복했습니다.

올레드 TV로 구현되는 무빙아트의 특성상 압도적인 몰입감을 선사해 작품과 관객 간의 거리가 사라지고 관객들이 온전히 작품 속으로 빠져들 수 있었습니다. 스튜디오 '유니버설 에브리싱'의 〈컨피그레이션Configuration〉은 한 생명체가 어둠 속에서 끊임없이 모습을 바꾸며 걸어가는 작품인데요. 시선을 뗄 수 없는 화려한 색감과 움직임도 멋지지만, 완벽한 블랙이 구현되는 올레드 TV의 화면을 칠흑 같은 공간에 배치해놓으니 마치 작품이 살아 움직이는 것처럼 내게 걸어오는 듯한 착각을 일으켰습니다. 그 누구도 기대하지 못했던 시너지 효과에 모두가 행복한 순간이었지요.

미디어아트가 사람들의 인식 속에 자리 잡아가고 있지만, 아직 갈 길이 멀다고 생각해요. 하지만 미래에는 미술작품이 점점 디지털 캔버스 속으로 들어갈 거라고 예상하기에 LG전자에 더 많은 기회가 주어질 것이라고 판단합니다. 그때가 되었을 때 준비되어 있다면, 올레드 TV가 브랜드 팬을 확보하는 것을 넘어 미술에 기여할 수 있는 부분이 더 커지겠죠?

프리즈 뉴욕에서 추상미술의 거장
고 김환기 화백의 작품을 구현한 올레드 TV.

LG전자에서 일한다는 것

상무님이 지나오신 길이 궁금합니다. 과거의 경력이 지금의 상
무님에게 어떤 영향을 주었을까요?

─────

누가 물어보면 저는 그냥 제일기획에서 태어났다고 얘기해
요. (웃음) 첫 직장이자 25년을 함께한 직장이기 때문이에요.

역순으로 말씀드리자면, 3년 동안은 글로벌 제작본부장cco
으로서 전 세계 클라이언트들의 제작 및 서비스를 책임지는
역할을 했어요. 그전에는 오랫동안 국내 광고를 했는데, 전자
브랜드를 포함해 금융 브랜드와 건설 브랜드까지 거의 모든
산업의 브랜드를 한 번씩은 다 경험하며 커뮤니케이션 전문가
로 거듭날 수 있었어요. 그 과정에서 수많은 브랜드들을 만나
며 다른 사람과 영향을 주고받는 일의 가치와 즐거움을 본능
적으로 알게 되었습니다. 현재는 하나의 브랜드에 집중하며
브랜드를 더 세세하게 들여다보고 많은 정보에 접근할 수 있
어요. 브랜드의 생로병사를 함께하는 전체 스펙트럼을 보게
된 것이죠.

하지만 브랜드의 매력이나 과정의 즐거움만으로 일하기는 어

럽잖아요? 일을 지속하는 상무님만의 원동력은 무엇인가요?
——

저를 이끌어가는 원천은 호기심이에요. 가만히 있지 못하는 성격 덕분에 끝없이 궁금해했죠. '이 브랜드는 어떻게 태어났고 왜 이런 이름을 달게 되었지?' 같은 질문을 스스로에게 던지면서 파고들고 또 파고들었죠. 덕분에 제가 하는 일을 즐길 수 있었고, 자연스레 다음에 맡을 브랜드에 관한 새로운 호기심으로 연결됐어요.

우리끼리는 '유모'라고 표현해요. 어떻게 하면 남이 잘 낳은 브랜드라는 자식을 잘 먹이고 예쁘게 입혀서 남들 눈에도 예쁘게 보이게 할 수 있을까 매일 고민하거든요. 그러다 보니 이미 결정되어 제가 손댈 수 없는 부분에 대한 허탈함과 허전함이 느껴지더라고요. 하지만 말씀드렸던 '호기심'이 브랜드를 '담당'하는 현재의 저로 이끌어주었다고 생각합니다.

저는 이런 호기심이 '안테나'라고 생각해요. 안테나는 의도적으로 열어야 하는 거잖아요. 다른 것에 대한 관심을 접지 않고 열어두어야 하는 거죠. 이 안테나를 접었다 폈다 하는 것은 일종의 근육을 키우는 훈련이라고 생각합니다. 저는 업무 특성상 많은 사람들을 만나야 하는데, 매 순간 최선을 다해 안테나를 펼치고 있어요. 그렇다고 해서 제 에너지가 무한한 것은 아니고요. 모두가 갖고 있는 에너지의 총량은 비슷하다고 생각해요. 힘의 배분을 어떻게 하느냐가 중요하죠. 언제 에너지를 끌어올리고 어떻게 배분하느냐에 따라 열정과 호기심 넘치는 사람이 되느냐, 그렇지 않느냐가 결정된다고 생각해요.

저는 사람을 만나고, 공통 관심사를 발견하고, 그 관심사를 함께 키워갈 방법을 찾는 일을 사랑합니다. 그런 기회는 늘 오지 않기 때문에 '아, 이 사람도 나와 같은 마음이구나' 깨닫는 순간, 저도 모르게 고도의 집중력을 발휘하게 되는 것 같아요. 그러고는 스스로에게 휴식할 시간을 줍니다. 좋아하는 음악을 들으며 운전하거나 산책하거나 요리를 해요. 이런 배분이 밖으로 보이는 저를 에너지 있는 사람으로 보이게 하면서도, 스스로에게는 여유를 주는 저만의 노하우죠.

상무님은 어떤 리더세요? 좋은 리더가 되기 위한 원칙을 세워두시는 편인가요?

——

저는 원칙을 세우지 않는 리더예요. 제가 동료들에게 보여주는 반응도 일관적이지 않아요. 사실 마케터는 정답이 정해지지 않은, 매일매일 다른 일을 접해야 하는 업이잖아요. 그것이 마케팅의 매력이라고 생각해요. 이렇게 매일 변화하는 일을 하는 사람에게 정해진 무언가는 어울리지 않는다고 생각해요. 그 대신에 제가 꼭 지키는 게 있어요. 만약 어제와 오늘의 제 디렉션이 달랐다면 바로 솔직하게 사과해요. "부족하고 변덕 부려서 미안합니다. 여러분의 생각을 들려주세요"라며 다시 협의하는 거죠.

제가 모든 것을 다 할 수도 없고, 잘할 수도 없으니 그럴 때는 주변의 도움을 충분히 받습니다. 도움받는 것을 부끄러워하지 마세요! 저에게 도움이란 '이양'하는 것이에요. 일을 남에게 떠넘기는 것이 아니라 해당 프로젝트를 좋아하는 사람을 찾는, 일종의 모병제인 셈이죠. 가장 하고 싶은 사람에게 주도권을 주고, 그와 함께하고 싶은 사람들을 적극적으로 모아요. 그러다 보니 주니어가 프로젝트의 메인을 맡고, 책임급 선배가 와서 프로젝트를 도와줘도 되냐고 묻는 아이러니하면서도 뿌듯한 상황이 벌어지기도 하지요.

그리고 추진력이 강한 편이다 보니 일에 열중하는 모습이 다른 사람들이 보기에는 조금 무서워 보일 수도 있는데, 평소의 인간적이고 친근한 매력이 이런 점을 상쇄할 수 있지 않을까 생각해요. (웃음)

같은 길을 걷는 주니어들에게 조언 한마디 부탁드립니다.

——

마케터로서 자부심을 가지라고 말해주고 싶어요. 마케터는 매일 같은 길을 걷는 것을 포기한, 흔들리는 배에 탄 사람이에요. 배가 흔들릴 때 나도 흔들리지 않으려고 버티면 오히려 멀미를 해요. 이 방향으로도 저 방향으로도 유연하게 흔들려봐야 해요. 누구와 함께 타고 있는지에 따라서 전혀 생각하지 못한 시너지 효과가 날 수 있기 때문에, 비정형의 일을 하는 즐거움을 깨닫는 것이 중요하다고 생각합니다.

특히 5년 차까지는 인풋이 많아야 하는 시기예요. 제 경우 청소년기에 읽었던 책에서 얻은 인문학적 지식이 글로벌 업무와 미팅에서 빛을 발할 정도로 초기 인풋이 중요하더라고요. '딴짓'도 분명 자신이 갈망하는 쪽으로 하게 되어 있어요. 다양하게 시도하고, 서로 간접경험을 나누고, 각자 다른 해석을 만들어내는 것이 중요해요. 가능한 한 많은 경험을 하고 다양한 사람과 부딪히는 것이 누구와도 바꿀 수 없는 다음 20년을 이끄는 자신만의 자산이 되어줄 거예요.

처음에는 '담당'이 옛날 말 같다고만 생각했는데, 시간이 갈수록 이 말의 무게를 절감하고 있어요. 꼭 임원이 아니어도 프로젝트에 책임과 권한을 갖고 프로젝트를 리드할 수 있다는 뜻이니까요.

상무님에게 좋은 브랜드의 기준은 무엇인가요?
——

저에게 좋은 브랜드란 떠올렸을 때 행복을 주는 브랜드예요. 이 기준은 밖으로뿐만 아니라 저에게도 향하는데요. 저를 거쳐간 수많은 브랜드가 사람들에게 행복을 줬을까 하는 질문을 스스로에게 항상 던져요. 그러다 보면 제가 하는 일에 대한 책임감도 생기고요. 누군가 제게 '그래서 너는 왜 광고를 해?'라고 물어볼 때 광고로 세상 사람들에게 위로와 선한 영향을 주기 위해서 한다고 얘기하거든요. 브랜드도 마찬가지인 것 같아요. 떠올리면 입가에 미소가 지어지는 그런 브랜드가 되어야 한다고 생각해요. 이런 생각이 제 일에 책임감을 주지요.

'오혜원'이라는 브랜드가 궁금합니다.

———

오혜원은 매일 변신하는 브랜드예요. 자고 나면 매일 얼굴이 바뀌는 영화 〈뷰티 인사이드〉의 주인공처럼요. 저는 스스로를 규정하지 않기 때문에 지금까지도 이 일을 하고 있다고 생각해요. '어제의 나'와 '오늘의 나'가 다르고, '오늘의 나'는 이걸 좋아했지만 '내일의 나'는 또 다른 걸 좋아하겠죠. 그런 저 자신을 좋아해요.

제품에 앞서
문화를 팔다

$\boxed{김성준}$ 시몬스 브랜드전략기획부문 부사장

"마케터도 돈을 벌 수 있다는 것을 팀원들에게 알려주고 싶었어요. 마케터는 돈을 쓰기만 한다는 전형적인 인식을 깨야 우리가 다음에 또 다른 걸 할 수 있다는 내부 설득의 강력한 단초가 되기 때문입니다."

김성준 시몬스 브랜드전략기획부문 부사장은
2015년 시몬스에 합류해 뛰어난 경영 전략으로
시몬스의 매출과 브랜드 인지도 향상에 일조했다.
2023년 말부터는 ESG 브랜딩 컴퍼니인
'시몬스 디자인 스튜디오 SIMMONS DESIGN STUDIO'를 함께 맡고 있다.
브랜드 전략은 브랜드 커뮤니케이션, PR, 마케팅, VMD, 공간 등을
포괄하고 전략 기획은 영업과 재무, 법무 등을 포함한다.
침대를 팔면서 생긴 마케팅 재주로 세상을 이롭게 하면서
이윤도 창출하자는 것이 목표다.

건강한 삶의
에너지

시몬스는 '건강한 삶의 에너지'라는 캐치프레이즈를 가진 브랜드입니다. 건강한 삶의 에너지를 얻을 수 있는 방법은 바로 숙면이라고 생각해요. 처음 시몬스에 입사했을 때 가장 먼저 커뮤니케이션 방식을 고민했습니다. 기본적으로 우리는 유통회사가 아니고 제조업을 기반으로 한 원 아이템one item 카테고리에서 킬러가 되어야 하는 상황이었어요. 그렇기 때문에 마케팅 그 이상의 커뮤니케이션 전략을 재정립했습니다. 아이템은 하나뿐이지만 품질에서 워낙 자신 있었기 때문에 소비자와 브랜드, 그리고 소비자와 제품이 만나는 과정인 커뮤니케이션 전략만 정리해도 굉장한 시너지가 날 거라고 생각했어요.

'낯선 이'라고도 할 수 있는 배송 기사가 가장 개인적인 '침실'에 들어가 설치해야 하는 침대의 특수성을 고려할 때 배송 과정도 달라져야 했어요. 마침 코로나 19로 인해 누가 내 집에 들어오는 게 더욱 낯설고 이상할 때였기 때문에, 손을 소독하고 라텍스 장갑을 끼고 일회용 덧신을 신는 철저한 모습을 보

126

여줬어요. 최소한 2인 1조로 배송 서비스를 제공했고요.

고객과 만나는 최전선인 매장에서의 판매 방식도 커뮤니케이션 영역에 포함된다고 생각합니다. 대리점의 경우, 사장님의 역량에 따라 고객 경험이 굉장히 달라져요. 하나의 아이템만 판매하는 브랜드이다 보니 일원화된 고객 서비스와 직영화 작업이 필요했죠. 그렇게 만들어진 매장의 70~80%에 제가 직접 관여했어요. 전국 팔도를 돌아다니면서 편의점에서 김밥과 라면으로 끼니를 때우던 기억이 나네요. (웃음)

커뮤니케이션 방식에 대한 고민이 결국 이후 확산까지 고려한 결과물이 되었다고 볼 수 있을까요?

———

어떠한 기획이든 오프라인 공간에서의 경험을 소셜미디어로 확산시키는 것에 주안점을 두었습니다. 당시 로컬이라는 점에 집중하고, 침대에서 '하드웨어'라는 속성을 뽑아내자 공장과 공방이라는 자산을 가지고 있는 성수가 눈에 들어왔어요. 공장 지대인 뉴욕의 브루클린 같은 느낌도 났지요.

'로컬'의 의미를 살리기 위해서는 해당 지역의 인기 있는 곳에 편승하는 것이 아니라 후미지고 주목받지 못하는 장소를 살려내는 것이 의미 있겠다는 생각을 했어요. 현실적으로 임대료가 저렴하다는 장점도 있었고요. 당시 코로나 19로 인해

4인 이상 집합 제한 정책이 시행됐는데, 이는 넓지 않은 공간에서 밀도 있는 경험을 선사한다는 시몬스의 의도와 맞아 떨어졌어요.

우리는 항상 농구대를 만들어요. 농구대 이미지가 SNS에서 포스팅하기에 적절한 프레임을 가지고 있다고 생각하기 때문이지요. 여기에 직접 만든 굿즈가 더해져 초기에 의도했던 오프라인에서의 경험을 온라인 바이럴로 전환하려고 했던 목적이 달성되었어요.

팝업스토어인 시몬스 그로서리나 복합문화공간인 시몬스 테라스에 가면 침대나 침구류에 관한 이야기를 찾기 어렵습니다. 이런 커뮤니케이션에 대해 내부적으로 염려나 반대의 목소리는 없었는지 궁금합니다.

———

처음부터 침대를 제외하려고 했던 건 아니에요. 내부적으로 커뮤니케이션 패키지를 비주얼·디자인·스페이스, 이렇게 세 기준으로 나눕니다. 비주얼은 말 그대로 광고물 등 시각적으로 보이는 것으로, 들어가는 비용과 시간 대비 전달력이 굉장히 빠르다는 장점이 있죠. 디자인은 제품으로, 제품화되어 판매되기까지 1년에서 1년 반 정도 시간이 필요해요. 스페이스 커뮤니케이션은 투입되어야 하는 비용도, 시간도 많이 필요하죠.

2015년 컨설턴트로 입사한 후, 2016년부터 세 개의 커뮤니케이션 패키지를 동시에 시작했어요. 가장 먼저 선보인 것이 비주얼이었죠. 그 첫 번째가 션 오프라이가 모델로 등장하고 혼네의 노래가 흘러나오는 TV CF였어요. 그때 당시만 해도 침대가 있었죠. 그다음은 텍스트를 중심으로 한, 침대가 없는 광고였지요. 이 광고들이 힙하다며 인스타그램에서 많이 보이곤 했어요. 카탈로그도 멋있어지고요. 카탈로그 역시 기존 문법이 아니라 화보 컨셉으로 정하고 초점을 전부 날린 느낌으로 찍었어요. 제품에 집중하는 것이 아니라 옆에 모델을 세워 시몬스가 놓인 공간의 느낌을 좋게 만드는 것이 목적이었지요. 처음에는 영업부에서 되게 싫어했어요. (웃음)

제품과 관련해서는 프레임 디자인을 통해 새로움을 주고 싶었어요. 기존 판매 방식이 매트리스 스프링의 장점을 내세우고 예산에 맞춰 추천해주는 정도였다면, 저는 고객이 매장에 방문했을 때 가장 시선을 사로잡는 포인트에 집중했어요. 그게 바로 침대의 헤드보드와 베딩 같더라고요. '아, 예쁘다!' 하는 생각이 들어야 귀도 열리고 마음도 열려, 제품에 대한 설명이 온전히 받아들여질 수 있지요. 이 역시 디자인 커뮤니케이션 영역이고, 이런 커뮤니케이션이 잘되면 객단가도 높아질 수 있어요. 매트리스만 판매될 상황에서 프레임과 베딩이 함께 팔리니까요.

바이어 시절, 리테일 플래너 업무를 함께했는데요. 리테일 플래너는 제품과 굿즈를 숫자로 보고 머천다이징을 숫자로 분석했어요. 예를 들어, 남성복은 타이를 진열할 때 항상 셔츠를 같이 보여드려요. 그럼 타이와 셔츠가 한 묶음으로 판매될 확률이 굉장히 높아지지요. 그다음에 거울 앞에서 자켓까지 딱 걸치게 해 '하나의 룩'을 완성하게 하는 거예요. 이런 커뮤니케이션 방식은 패션업계에서 워낙 잘 쓰이는 방식인데, 이를 가구업계에 적용했습니다.

스페이스 커뮤니케이션이라고 하면 그로서리 스토어 같은 팝업스토어를 가장 대표적으로 떠올리실 텐데요. 이뿐만 아니라 전국에 있는 모든 시몬스 매장에 들어갔을 때 똑같은 느낌을 줄 수 있도록 설계했어요. 똑같은 매장 디자인 시안이 아니라 VMD는 다르지만 같은 브랜드라는 느낌을 줄 수 있도록 한 것이지요. 마치 이솝Aēsop의 공간처럼요.

시몬스가 지역적으로 큰 인연이 있지 않은 부산에서 그로서리 스토어를 진행한 이유는 무엇일까요? 그 과정에서 어려움은 없으셨는지 비하인드 스토리가 궁금합니다.

———

코로나 19로 인해 우리 생활 반경은 로컬이 될 수밖에 없었는데, 꼭 서울이 아닌 다른 지역의 로컬을 다뤄보고 싶었어요.

부산에 출장 간 김에 누군가 해리단길이 유명하다고 해서 들렀다가 우연히 '버거샵'이라는 햄버거 집에 들어가게 되었는데, 너무 근사한 거예요. 전포동에 있는 버거샵은 더 멋지다기에 바로 가봤어요. 그런데 길을 잃었어요. 아저씨가 을지로 같은 좁은 골목길에 처음 들어갔으니 어디 가야 할지 모르는 게 당연하잖아요. (웃음) 그러다가 우연히 '발란사'라는 곳에 들어갔는데, 거기서 만난 사장님과 나눈 대화가 너무 재미있었어요. 그렇게 굿즈 중 물총을 발란사와 협업해서 만들게 되었고, 그 협업이 하드웨어 스토어까지 이어지게 됐죠.

코로나 19로 행동반경이 로컬로 제한되자 그런 상황에 맞춰 생각하고 생활하다 보니 로컬이 다시 보이더라고요. 여러 모로 팝업스토어를 통해 브랜드 경험을 전달하기에 유리한 환경이 되었어요. 그래서 발란사의 경우, 전포동 매장의 하드웨어가 그대로 시몬스 팝업스토어에 들어오게 되었어요.

그로서리 스토어의 경우, 특히 디자인 패키지가 큰 역할을 했어요. 디자이너가 방황하지 않도록 가이드를 제시해주는 것이 제 역할이라 컨셉 도출 작업을 먼저 진행했습니다. 그로서리 스토어에 있을 법한 사탕, 아이스크림, 과일 같은 컬러 팔레트 안에서 커뮤니케이션을 다루면서 이탈리아 시칠리아의 분위기를 떠올렸어요. 근데 시칠리아라고 해도 우리 모두가 생각하는 시칠리아가 같으리라는 법이 없잖아요. 그래서 우리나

시몬스 룩을 통해 제품을 보여주고자 했던 커뮤니케이션 패키지.

라 로컬 중 부산 해운대를 시칠리아와 가장 비슷한 지역의 기준으로 잡았습니다. 보통 팝업스토어는 서울에서 진행하게 마련이라 서울 외의 지역에서 진행하려니 내외적으로 많은 우려가 있었어요. 저는 코로나 19라는 특수한 상황과 '여름의 바다'라는 속성에 집중했어요. 일단 여름에 바닷가로 놀러 온 사람은 기분이 좋게 마련이거든요. 그래서 6월을 공략하기로 했습니다. 기분 좋게 우리가 마련한 공간에 들어올 수 있도록요.

팝업스토어를 오픈할 장소를 찾을 때도 성수와 마찬가지로 후미진 곳을 찾았어요. 뭐가 들어서기만 하면 맨날 망하던 자리였지요. 그런 곳은 보통 공용으로 쓰는 건물 화장실이 낙후되어 있게 마련이에요. 우리가 로컬에서 인정받는 비법 중 하나가 화장실을 싹 고쳐드리는 거예요. 이렇게 노력하는 모습을 보여드리면 좋은 인상을 주면서 로컬에 스며들 수 있답니다.

시몬스 그로서리 스토어는 공간에서의 경험을 주면서도 매출을 일으킨 좋은 사례입니다. 여기에도 부사장님의 의도나 목표가 있었을까요?

─────

굿즈를 만들 때 하나의 조건이 있었어요. 바로 브랜드 노출은 최소화하고 적은 금액이라도 판매를 하자는 것이었어요. 판매를 강조한 데는 두 가지 이유가 있었어요. 첫 번째는 그래야 고객의 기억에 남기 때문이에요. 1,000원, 2,000원이라도 소비하면 자신이 선택한 소비이니 긍정적인 이미지를 갖게 되고 그 굿즈가 브랜드와 관계를 맺는 장치가 될 수도 있죠. 두 번째로 마케터도 돈을 벌 수 있다는 것을 팀원들에게 알려주고 싶었어요. 마케터는 돈을 쓰기만 한다는 전형적인 인식을 깨야 다음에 또 다른 걸 할 수 있는 내부 설득의 강력한 단초가 되기 때문이에요. 이런 맥락에서 굿즈 사업이 시작되었어요. 그 조그만 공간에서 첫 달 매출이 1억 원 가까이 나왔죠. 팝업 스토어는 한 달이 지나면 보통 매출의 30~40% 정도가 빠지기 때문에 최대 3개월을 넘기지 않는 것이 비용을 고려할 때 효과적이라는 의견을 드리고 싶어요. 팝업스토어의 생명력은 그 성격과 의도에 따라 다르긴 하지만요.

의사결정을 위한 기준,
NOT TO DO List

커뮤니케이션 패키지를 실무자들이 어떻게 소화해낼 수 있을까요? 그 배경을 어떻게 마련하는지 궁금합니다.

───

실무진에게 가이드를 줄 때, 흔들리는 가이드를 주지 않으

로컬과 그로서리 스토어의 자산에 집중한 모습.

려고 노력합니다. '이것도 해라, 저것도 해라'라고 하면 무엇을 먼저 해야 할지 헷갈릴 수 있잖아요. 그렇기 때문에 저는 꼭 '하지 말아야 할 것NOT TO DO List'만 제안하고 그 이외의 것들은 실무진이 자유롭게 펼칠 수 있도록 해요. 이런 방식이 '하고 싶은 거 다 해봐'라는 방식보다 안정된 울타리 안에서 실무진이 창의력과 역량을 펼칠 수 있도록 하는 방식이라고 생각해요.

사실 저는 외부 커뮤니케이션 전략보다 내부 전략이 더 중요하다고 생각해요. 함께 일하는 사람들을 설득해야 소비자에게 전달하는 메시지도 강력해질 수 있다고 믿어요. 한때 소비자들에게 먹히는 것이라도 업계에서 인정받지 못하는 것들은 결국 사라지더라고요. 반대로 업계에서 인정한다는 건 촌스럽지 않은, 즉 단순 비주얼이 아닌 시대정신 등 근본적인 것을 이야기한다는 뜻이지요. 예를 들어, 애플의 1984 광고는 조지 오웰의 소설 《1984》의 빅브러더에서 착안해 IBM을 깨부수었어요. 이런 활동들은 계속해서 회자되며 다른 브랜드에 모티프가 될 수 있지요.

시몬스는 광고 맛집, 캠페인 맛집 등으로도 유명합니다. 2023년 '메이드 바이 시몬스Made by SIMMONS' 시리즈, 2022년 진행한 브랜드 캠페인 '오들리 새티스파잉 비디오Oddly Satisfying Video', 더 이전의 '흔들리지 않는 편안함', 션 오프라이가 혼네의 음악에 맞춰 등장한 광고 '하루 동안 고생한 나를 위하여' 모두 매력적이었습니다. 침대 브랜드가 이런 매력적인 커뮤니케이션을 할 수 있었던 배경과 의사결정 과정이 궁금합니다.

———

여기에서도 제가 강조하는 단 하나의 기준인 '꼭 하지 말아야 할 것'을 이야기해야 할 것 같아요. 과정에서 '이것 빼고는 다 해도 돼'는 서로가 협의한 방향이거든요. 제 역할은 사회적 시류 속에서 트렌드를 잡아내고 지금 이 순간에 왜 해야 하는지 팀원들을 설득하는 거예요. 동의를 얻는다면 그때 무엇을 하지 말아야 할지 결정하지요. '88 서울 올림픽'을 다뤄야 한다고 가정해볼까요? 그때 태어나지도 않은 내부 MZ세대 팀원을 붙잡고 "자네 88 올림픽 때 대한민국이 얼마나 대단한……"이라고 하면 벌써 재미없거든요. 그들이 공감할 수 있는 이야깃거리를 던져주고 서로 동의한다면, "88 올림픽 좋았어. 그럼 이제 흔히 말하는 침대, 아파트, 자동차는 빼고 하고 싶은 거 해봐"라고 하는 거죠. 이렇게 합의된 창의성이 발휘될 수 있는 환경을 만드는 거예요.

그렇게 해서 만들어지는 결과물에 대해서도 '더 매력적인' 결과물이 어떤 것인지는 우리의 타깃과 가장 근접한 내부 팀원이 결정하는 것이 맞다고 생각합니다. 제가 MZ세대의 취향을 공부할 수는 있으나 동시대에 같은 문화 코드를 가지고 자란 것은 아니기 때문에, 그들을 완벽하게 이해하기는 어려워요. 싸이월드 BGM을 예로 들어보면, 저나 1990년대 초반 태어난 팀원들은 '싸이월드 BGM'이라는 경험은 공유했지만, 그 안의 콘텐츠는 서로 다르거든요.

다만 여기에서 제가 결정하는 것이 하나 있다면, 콘텐츠를 얹을 플랫폼입니다. 그 플랫폼의 문법에 따라 콘텐츠의 성격과 형식, 그리고 우리의 결과물도 달라지지요. 예를 들어볼까요. 사람들이 인스타그램을 사용하면서 예전과 달리 사진을 가로 비율이 아닌 세로 비율로 찍고 있지요. 이러한 사회적 행동을 기준으로 우리가 뭘 해야 할지 떠올리는 것이죠.

이런 식으로 생각하다 보니 내년 혹은 내후년에 어떻게 할지 정하려는 것 자체가 잘못된 길일 수도 있겠다는 생각이 들었어요. 정한다면 오히려 저보다는 조직의 대다수를 차지하는 다음 세대가 해야 하고, 저는 그들의 말과 행동을 받아들여야 한다고 생각해요.

최근 규모와 관계없이 자신만의 색깔로 사랑받는 침구류 혹은 매트리스 브랜드가 많습니다. 시몬스 브랜드만의 차별점은 무엇이 있을까요?

——

제가 내부 커뮤니케이션을 강조하는 이유는 결국 소비자

가 우리 메시지를 알아듣게 하기 위해서예요. 가수 장기하의 노랫말처럼, '그건 니 생각이고'가 되지 않기 위해서요. (웃음) '여보, 우리 백화점에나 한번 가볼까?'가 아닌 검색의 시대잖아요. 사람들의 쇼핑 행동을 살펴보면 검색에서도 '관련도 순', '가격 순'의 의미가 옅어지고 있어요. 지금의 소비자는 자신이 원하는 특정 키워드를 검색하여 상품을 찾죠.

소비자가 우리 브랜드를 검색할 동기를 만들어야 해요. 이것이 바로 브랜딩 요소라고 생각합니다. 옛날 말로는 브랜드 스토리인데, 고객이 정의하지 않아서 검색하지 않는다면 살아남을 수 없다고 생각해요. 특히 시몬스 브랜드처럼 구매 주기가 긴 상품을 취급하는 산업군은 고객의 기억에 오래 남을 수 있는 차별화가 필요했어요. 그래서 더 큰 인지의 프레임이 필요했고, 그러다 보니 '문화'를 팔기 시작한 거죠. 하드웨어 스토어도, 시몬스 테라스도, 광고도 이러한 맥락에서 만들어졌어요. 문화가 소비되면 브랜드가 소비되고, 결국 제품으로 이어지게 되거든요.

우리가 만들고자 하는 문화는 팀원들의 머릿속에 떠오르는 이미지가 아니라 소비자들이 만들어가는 거예요. 팝업스토어라는 오프라인 공간은 우리가 만들지만, 이 팝업스토어가 바이럴되는 건 시몬스 테라스에서 찍은 사진이 SNS라는 온라인 공간에서 소비되며 즐거움을 느끼는 순간이거든요. 그렇기 때

시류에 맞는 동기를 부여하는 시몬스.

문에 '이래야 해'라고 정의한 적은 없어요. 우리의 역할은 언제나 정의 당할 준비를 하고 동기부여하는 것이라고 생각해요. 그것이 상대방에게 받아들여져야 그때부터 진정한 생명력이 생기는 거예요. 많은 브랜드 혹은 결정권자는 이 지점에서 착각하곤 해요. '내가 이렇게 해봤으니 내 말 들어'라며 세우는 성공 공식은 들어맞지 않을 확률이 더 높습니다. 창의성도 점점 좁아지고요. 우리는 '서핑한다'라는 표현을 많이 써요. 시류를 파악하고 툭툭 얹어놓는다는 뜻이죠. 시류를 타기 위해 많은 예산을 편성하지 않아요. 한 10개를 얹어놓고 3개가 걸려들면, 그때부터 폭발적으로 쏟아붓지요.

시몬스의 타깃도 궁금합니다. 앞서 말씀하신 크리에이티브한 커뮤니케이션과 현재 수익을 내고 있는 고객층은 다를 수도 있잖아요?

———

현재 시몬스는 3040세대를 타깃으로 보고 있어요. 우선 혼수 팬덤이 굉장히 강하지요. 그다음은 프리미엄 키즈예요. 미래 소비층을 MZ세대, 넓게는 잘파(Z세대+Alpha 세대) 세대로 보지만 인구 자체가 적어서, 현재 소비를 일으킬 수 있는 소비층은 3040세대로 보고 있어요. 이들 혹은 그 위의 세대를 타기팅한다면, 용어부터 세심하게 선택해야 해요. 예를 들면, 시니어는 '그랜드 제너레이션Grand Generation'이라고 하지요. 시니어나 그레이라는 명칭은 우선 듣기에도 기분이 좋지 않아요. 1950년대 베이비부머 세대부터 1970년대생까지는 대한민국 최초로 재력과 체력을 겸비한 세대로, 은퇴 이후 본격적으로 소비에 나설 것으로 보고 특별히 주목하고 있습니다.

시몬스에서 일한다는 것

부사장님은 팀원들이 자신의 역할을 잘할 수 있도록 어떻게 이끌어주시나요? 부사장님만의 팁이 있으신가요?

———

우선 제가 직접 뛰는 모습을 보여줘야 한다고 생각합니다. 그리고 무엇보다 회사 일을 하고 있다는 인식을 없애기 위해 노력합니다. 회사와의 계약 관계이자 파트너십 속에서 '너는 네 일을 하고 있는 거야'라고 생각하도록요. 팀원들은 각자 자신의 일을 잘하고 싶어서 열심히 하는 것이고, 그 일이 잘되면 회사도 잘되니 회사가 성장하는 가운데 개인도 성장할 수 있는 것이지요. 흔히 말하는 주인의식과 관련된 이야기인데, 보다 '자기 일'이라는 의식을 주려고 합니다.

동시에 경계하는 건 말을 많이 하는 거예요. (웃음) 아는 것이 많아지고 자리가 높아지면 대부분 말이 많아지는데, 그러면 주변에 사람이 없어지더라고요. 특히나 제 주변에서 요즘 친구들이 없어진다는 건 세상과의 정보가 단절된다는 뜻이기도 해요. 평소에 제가 하고 싶은 할 말만 하다가 "얘들아, 나랑 얘기 좀 해볼래?"라고 하면 누가 똑바로 얘기하겠어요? 다 같이 밥 먹을 때 가만히 있으면 어색해도 한마디씩 하더라고요. 그럼 그걸 가만히 듣는 연습을 하고 있습니다.

부사장님에게 '일'은 어떤 의미인가요? 결정권자로서 어떤 생각을 가장 경계하시는지 궁금합니다.

———

회사에서 임원 자리에 앉는다면 전문 경영인으로서 최소 5년, 길어야 7~8년 정도 일할 수 있을 거라고 봤어요. 한자리에 오래 있다 보면 고인물이 될 수밖에 없는데, 그러면 저나 회사나 잘못될 수 있겠다는 생각이 불현듯 들었어요. 회사에서 일하다 보면 회사에서 받는 혜택이 내가 잘나서라고 생각하기 십상인데, 회사 것은 회사의 것이지 내 것은 월급 외에는 아무것도 없다는 것을 알아야 해요. 임원으로서 결정을 많이 내리다 보니 내가 하는 이야기는 다 성공할 거라고 착각하기 쉬워요. 그러다 보면 인간으로서 정신이 살찌며, 안 좋은 방향으로 갈 수밖에 없지요. 임원 자리에 욕심을 내느라 자기 일을 다 해내지 못해선 안 된다고 생각해요.

부사장님은 일하는 원동력을 어떻게 얻으시나요? 누구에게서 힘을 얻으시는지 문득 궁금해집니다.

———

우선 너무 재미있어요. 2015년부터 지금의 시몬스 브랜드의 모습을 계속해서 이야기했는데, 당시만 해도 정신 나간 취급을 받을 정도의 이야기였어요. 회사의 근간을 흔드는 것부터 시작했으니까요. 그런데도 대표님이 돈을 쓰게 해주셨어요. 이게 믿음이 아니면 뭐겠어요? 그런 점에서 배신감을 느끼게 해서는 안 되겠다는 생각이 듭니다. 그런데 저는 시몬스가 지금의 모습이 될 수 있을 것이라는 확신이 있었어요. 왜냐면 우선 제품이 너무 좋았거든요. 광고 중에도 그런 카피가 있잖아요. '참 좋은데 이거 설명할 길이 없네.' 소비자에게 보여줄 수 있는 진정성은 결국 제품의 품질이에요. 그리고 개인적으로도 남들이 어렵고 힘들다는 것을 보란듯이 성공해내는 것을 좋아하기도 했고요. 주변 사람들을 설득해서 결과물로 만들어내는 과정이 너무 재미있었어요.

시몬스라는 브랜드의 전략과 기획을 이끌어가시면서 어떤 점을 가장 중요하게 생각하시나요? 그리고 그 일이 부사장님 개인에게도 영향을 끼쳤나요?
——

지금까지는 시몬스 브랜드의 다른 모습을 보여주며 좋은 평가를 들어왔지만, 내일의 일은 또 모른다고 생각해요. 제가 삐끗하면 잘난 척하더니 쌤통이라는 사람이 많을 수도 있지요. 주목을 받았을 때 잘 해내는 것은 다른 차원의 어려움이더라고요.

지금의 시몬스는 단순히 마케팅으로 ESG를 하는 회사가 아니고, 모토 자체가 'ESG 브랜딩'을 하는 기업이에요. 기업이 업을 하는 이유는 기본적으로 세상에 보탬이 되기 위함이고, 그 과정에서 이윤이 생기는 것이라고 생각해요. ESG 브랜딩이라는 새로운 영역을 우리나라에서 개척한 사람이 될 수 있다면, 경력도 경력이지만 자녀에게 좋은 본보기가 될 수 있을 것 같아요. 팀원이나 아이에게 솔선수범해서 계속 새로운 영역으로 넓혀가는 모습을 보여주는 것은 교육적으로도 좋다고 생각해요. 기본적으로 기업의 이윤은 늘었다가 줄었다가 하기 마련인데, 이윤이 앞선다면 그것을 달성하고 나면 할 일이 없어지잖아요.

다만 계속해서 도전해온 모습은 굉장히 건전하다고 생각해요. 제 나이가 50을 앞두고 있는데, 그 나이가 되어 무엇을 할지보다, 어떻게 맞이할지를 생각하고 있어요. 건강을 챙기는 것도 50이 되어서 하는 게 아니라, D-3년부터 도전해서 50세 때는 다른 결과물을 만들고 싶어요.

부사장님이 생각하는 잘하는 브랜드의 기준이 궁금합니다. 브랜드에 어떤 요소가 가장 중요하다고 생각하시나요?

―――

　지금이라도 커뮤니티 마케팅이 사람들의 입에 오르락내리락하는 것이 반가워요. 저는 예전부터 업계 사람들이 모여서 이야기를 나누는 게 재미있었거든요. 우리 의식 속 온라인은 우선 진입장벽이 낮아요. 반대로 오프라인은 물리적인 공간과 시간 그리고 비용이 필요하거든요. 하지만 이것이 오프라인의 단점만은 아닙니다. 온오프라인을 넘나드는 커뮤니티 마케팅을 통해 온라인의 한계인 실제 공간에서 일어나는 지식 소비와 경험이 힘을 더 받을 수 있다고 생각해요. 결론적으로는 콘텐츠를 생성하고 소비할 수 있는 시장을 점유하는 업을 주의 깊게 보고 있습니다.

　이밖에 리한나의 속옷 브랜드인 '새비지×펜티Sevage×fenty'를 의미 있게 보고 있어요. ESG 얘기를 하면 최근 DE&IDiversity Equity & Inclusion (다양성, 형평성, 포용성)를 빼놓을 수 없는데, LGBTQ에 대한 이야기를 거의 금기시하잖아요. 특히 우리나라는 이 부분에 더욱 예민한데, 마케터로선 하나의 기회가 있는 시장이라고 볼 수도 있거든요. 돈의 문제가 아니라 사회 구성원으로서 서로 인정하면 되는 것이죠. 그리고 LGBTQ가 인정하는 브랜드는 감도의 문제가 아니라 브랜드의 메시지가 차별 없다는 데 의미가 있어요. 사회적 행동의 관점에서 보면, 알파세대는 사회적인 목소리를 높이며 세상에 이로운 일을 하기 원하고 차별을 두기 싫어해요. 이처럼 DE&I는 미래 소비자에게 의미 있는 요소인데, 그걸 가장 잘하는 브랜드가 리한나의 브랜드라고 생각합니다.

한마디 덧붙인다면, 알파세대가 사회적인 목소리를 내는 데 거리낌 없는 것은 모바일 디바이스 덕분이라고 생각해요. 제가 어렸을 때만 해도 사회적인 목소리를 내려면 데모를 해야 했는데, 지금은 댓글을 통해 목소리들이 뭉쳤다가 흩어졌다 하죠. 거기다가 아이디를 만들어서 소통하기 때문에 상대방이 여자인지 남자인지, 세대가 어떻게 되는지 알 수 없어요. 접하는 층이 다양해지다 보니 젠더 이슈보다는 소셜 캐릭터의 이슈로 기능이 달라지는 것이죠.

'김성준'은 어떤 브랜드인가요?
——

저는 인벤션(발명)보다는 이노베이션(혁신)하는 사람이라고 생각해요. 어떤 업을 하며 무언가를 깨우치고 진화하는 것은 대단한 진보이자 배움이에요. 변해가는 시류에 맞춰서 능동적으로 움직이면서 진화해 나가는 것에 주안점을 두고 살고 있습니다. 그 방법 중 하나는 말을 줄이는 것이고요. (웃음)

고객의 삶에
밀접한 메시지를 건네다

서기석　　　　　　　　　　(전)이케아 코리아 CMO

"우리 동료들은 단순히 브랜드를 '좋아한다'는 느낌을 넘어서 이케아라는 브랜드에 대한 믿음과 사랑이 있습니다. 브랜드에 대한 믿음과 사랑은 자부심 혹은 직원 만족도와는 다른 개념이라고 생각해요. 이것이 이케아 브랜드의 가장 큰 원동력입니다."

이케아 코리아에서 마케팅을 총괄했던 서기석 CMO는
이케아 코리아의 마케팅 전반과 광고, 미디어, CRM,
이케아 패밀리 멤버십, 경험 마케팅 등 다양한 마케팅 전략을 담당했다.
'새삶스럽게'와 '나는 생각한다. 고로 이케아 한다' 같은
통합 브랜드 캠페인뿐만 아니라 제품이나
스페셜 이벤트, '이케아 패밀리 데이즈' 등에 대한 마케팅 커뮤니케이션
및 프로모션을 종합적으로 담당하며, 고객들에게 지속적으로
메시지를 전달하고 브랜드와 비즈니스를 견인하는 역할을 맡았다.
2024년 3월 퇴사 후, 현재 '오픈 유어 아이즈Open your eyes' 대표로
브랜드 컨설턴트 및 스피커, 소셜 커뮤니티 리더로서
다양한 활동을 진행하고 있다.

행복을 만드는
우리 집

이케아는 어떤 브랜드인가요?

———

이케아는 강력한 비전을 가진 브랜드예요. 바로 '많은 사람들을 위한 더 좋은 생활을 만든다To create a better everyday life for the many people'라는 비전이지요. 이케아의 경영 철학이 '보다 많은 사람들을 위해 멋진 디자인과 기능을 가진 다양한 홈 퍼니싱 제품을 합리적인 가격에 제공하는 것'이라는 점도 같은 맥락에서 이해할 수 있습니다. 이케아의 비전에서 특히 '많은 사람들을 위한for the many people'이라는 부분이 중요한데, 이 부분은 우리 브랜드의 핵심 메시지를 잘 담고 있다고 할 수 있어요. 이케아는 많은 사람들에게 더 좋은 일상생활을 만들어주기 위해서는 집이 중요하다고 믿고, 집에서의 생활을 더 좋게 만드는 데 초점을 맞추고 있어요. 이케아를 단순히 '가구 파는 브랜드'라고 알고 계신 분도 있지만, 더 나은 삶을 만든다는 보다 넓은 틀에서 믿음과 비전으로 비즈니스를 키워 나가는 브랜드입니다.

이케아라는 브랜드에 대해 제가 개인적으로 느낀 이미지는 첫째 섬세하고 감성적인 바이킹 시대 철학자이자 장인이라는 것, 둘째 '스파이더맨'입니다. 예술성과 탐험 정신, 그리고 독보

152

적인 항해술을 만든 독창적인 기술 등 독특하고 차별화된 혁신과 역사에 끼친 영향이라는 측면에서 이케아의 DNA는 바이킹의 DNA를 계승한다고 느꼈어요. '스파이더맨'은 제가 마케팅을 총괄할 때 떠올린 이미지입니다. 많은 분들에게 '진정으로' 사랑받는 브랜드의 마케팅을 총괄하며 브랜드를 강화하고 비즈니스를 성장시키는 건 너무 행복하고 의미 있는 경험이었어요. 브랜드의 진정한 팬덤을 느낄 수 있었죠. 영화 〈스파이더맨〉 속 벤 삼촌의 "막대한 힘에는 막중한 책임이 함께한다With great power comes great responsibility"라는 말처럼 책임이 함께 따라오는 소중한 경험이었어요.

　이케아라는 브랜드는 본질 그 자체만 바라봐도 좋은 브랜드였어요. 이 브랜드의 본질적인 요소가 전체 비즈니스에서 크고 실질적인 역할을 하고 있었죠. 이케아는 브랜드의 존재 이유와 목적성, 영속성이 가장 명확하고 확실한 브랜드 중 하나라고 생각합니다. 그리고 이 원칙을 비즈니스에서도 지켜나가고 있지요. 굉장히 문학적이고 철학적인 이야기이지만, 근본적으로 리테일을 바탕으로 하기에 이율배반적일 정도로 실존적인 브랜드입니다. 저는 좋은 브랜드를 판단할 때 두 가지를 봅니다. 바로 차별화differentiation와 식별성distinctiveness이에요. 이케아는 이 두 기준에서 모두 대체 불가한 브랜드이지요.

최근 이케아가 가장 관심을 기울이고 있는 영역은 무엇인가요? 글로벌 차원에서 초점을 맞추고 있는 어젠다가 있나요?

———

브랜드 포지셔닝과 관련해서는 크게 두 가지 움직임이 있습니다. 첫째는 '라이프 앳 홈life at home', 둘째는 '서스테이너빌리티sustainability'입니다. '라이프 앳 홈'과 '홈 퍼니싱home furnishing'은 브랜드 저변에 굳건히 자리 잡고 있는 철학이에요. 이케아가 집에 대해 여러 이야기를 제시할 수 있는 것은 이 철학을 지키는 동시에 사회의 흐름에 맞추기 때문이죠. 무엇보다 전달하고자 하는 '집'에 대한 이야기를 지속적으로 하는 것이 중요하더라고요. 이야기가 모여서 문화가 되고, 그 문화가 사람들 사이에서 확산되면서 생각과 행동을 변화시키는 단초가 됩니다. 이를 위해 지속적으로 메시지를 던지는 브랜드 커뮤니케이션을 하고 있습니다.

이케아에 중요한 또 한 가지는 사람과 지구를 위한 지속가능성이에요. 조직 전체의 운영과 비즈니스, KPI 지표 등 거의 모든 업무가 지속가능성을 중심으로 진행될 정도로 정말 진지하게 실천하고 있습니다. 이케아는 환경을 고려하는 것을 넘어 더욱 크고 통합적인 관점에서 지속가능성을 바라봅니다. 이 행성에 사는 한 사람으로서 잘 사는 것에서 출발해 우리 동네와 사회조직 구성원, 그리고 공동체 모두가 지속가능하도록 노력합니다.

우리 브랜드의 가치관이 어떻게 고객의 삶에 실존적인 영감을 줄 수 있을까 고민한 결과 중 하나로 2년 전에 탄생한 이케아 랩IKEA Lab이 있습니다. 이케아는 이외에도 지속가능한 생활 및 사회를 만들어 나가고 싶은 모두가 즐길 수 있는 브랜드로서 다양한 측면에서 활동하고 있습니다.

또한 고객들에게 더욱 가까이 다가갈 수 있도록 더 좋은 브랜드 경험과 쇼핑 경험을 제공하기 위해 끊임없이 노력하고 있어요. 매장뿐 아니라 홈페이지, 애플리케이션, 이케아 라이브, 전화 주문 서비스 등 다양한 쇼핑 방법부터 배송비 인하, GS칼텍스와 진행하는 픽업 서비스, 이케아 광주 픽업 포인트 오픈 등 더욱 편리하고 낮은 가격으로 이케아를 다양하게 경험할 수 있다는 것을 널리 알리고 있습니다.

홈 퍼니싱은 앞으로 어떻게 확장될까요?

———

집의 의미가 많이 달라진 최근의 상황을 고려할 때 이 시점에서 홈 퍼니싱은 더욱더 다변화되고, 개인화되고, 개인의 취향이 반영되는 방식으로 확장되고 있습니다. 앞으로도 이 같은 방향성은 더욱 강화될 것이라고 생각합니다. 특히 1인 가구의 증가, 결혼 시장의 변화 등 여러 요인에 따른 라이프스타일

지속가능한 삶을 온몸으로 경험할 수 있는 브랜드 이케아.

의 변화와 주거 다변화 등 삶의 모습이 매우 다양한 영역에서 크게 변하고 있기에 지금까지 일어났던 변화의 폭보다 더 큰 변혁이 이뤄질 것으로 예상됩니다. 팝업스토어 '에피소드 수유 838'의 공용 주거 공간 역시 이를 보여주기 위한 시도였어요.

이케아는 대중 브랜드로서 더 많은 사람들을 만나고, 일반 고객은 물론 비즈니스 고객들이 각자의 니즈에 맞춰 자신이 꿈꾸는 공간을 더욱 쉽게 만들어 나갈 수 있도록 전문적인 도움을 제공하고 있습니다.

고객과 이케아 브랜드의 가장 강력한 접점은 누가 뭐라고 해도 매장이라고 할 수 있습니다. 이케아 매장을 볼 때면 테마파크라는 말이 떠오를 정도로 쇼룸과 동선을 참 잘 설계했다는 생각이 드는데요. 특별한 노하우가 있나요? 매장 출구 근처에 음식 파는 공간을 배치한 이유도 궁금합니다.

———

이케아만의 강력한 브랜드 컨셉은 다년간의 경험을 바탕으로 전략적으로 설계된 결과물입니다. 동선을 따라 즐거운 경험을 하면서 '이케아다움'을 느낄 수 있도록 의도한 동시에 쇼핑의 재미 역시 놓치지 않도록 설계된 브랜드 경험의 총합이라고 생각하시면 됩니다. 저 역시 매번 놀랍고 대단하다고 생각합니다. 매장의 중간과 마지막 여정에서 경험할 수 있는 음식과 다양한 패밀리 이벤트 역시 브랜드 경험을 높이기 위한 장치인 것이죠.

글로벌 캠페인도
우리나라스럽게

2023년 하반기에 진행한 브랜드 캠페인 '나는 생각한다. 고로 이케아 한다'는 카피부터 재치가 넘친다는 생각이 듭니다. 캠페인의 기획 의도와 목적은 무엇이었나요?

———

최근 들어 가구·리빙 시장의 경쟁이 매우 치열해졌습니다. 마케팅 전쟁이라고 할 정도로 질적, 양적으로 큰 변화가 있었어요. 기존 브랜드, 신규 브랜드 할 것 없이 모두 공격적인 모습을 보이고 있습니다. 또한 시장 내의 마케팅뿐만 아니라 제품의 품질 자체가 상향 평준화되고 있는 것을 감안할 때 이케아에 새로운 동력이 필요하다는 판단이 들었습니다.

이케아는 가구·리빙 카테고리에서 가장 잘 알려져 있고, 가장 사랑받는 브랜드로 시장에서 손꼽히고 있지요. 그렇기에 마케팅 전략의 핵심을 기존 브랜드 가치와 자산을 강화하는 것에 뒀습니다. 이케아만이 이야기할 수 있는 브랜드 스토리와 고객들에게 영감과 공감을 이끌어내는 브랜드 스토리를 가진 캠페인을 개발하려고 한 것이지요. 단순한 소비가 아닌 가치 소비, 단순한 삶이 아닌 의미가 충만한 삶에 대해 이야기하는 것처럼요. '이케아 제품과 솔루션을 통해 고객들과 함께 가치 있는 삶을 만들어 나갈 수 있다'는 브랜드 메시지를 전달하고자 했습니다.

'남보다 내가 만족하는 삶을 존중하는 사람들의 이야기, 이들이 이케아와 함께 생각대로 살아가는 이야기를 소개합니다'라는 메시지를 중심으로 감각적인 영상과 노래, 이에 딱 맞는 페르소나를 바탕으로 감도 높은 크리에이티브를 만들고자 했습니다. 다양한 미디어를 통해 브랜드를 알리고, 더욱 의미 있는 브랜드 경험을 위해 DDP에서 팝업을 진행하기도 했어요. 다행스럽게도 매우 좋은 반응을 얻었고 SNS상에서 수많은 고객이 자신들의 고유한 이케아 스토리를 공유해주는 긍정적인 반응도 있었습니다.

브랜드와 비즈니스 두 측면에서 이 캠페인을 통해 달성하고자 하는 각각의 목표가 있었어요. 브랜드 측면에서는 고객들이 이케아 브랜드를 인지하고 이해하는 과정을 강화하고, 우리 브랜드를 선망하고 고객의 삶 속에 스며들게 하는 것이 목표였어요. 비즈니스 측면에서는 방문자와 매출, 시장점유율 증대 등을 주요한 목표로 삼았습니다.

'새삶스럽게' 캠페인은 어떤 기획 의도와 목표를 가지고 진행되었나요?

———

이케아는 전 세계적으로 1년마다 추진하는 테마가 존재하고 그에 따라 방향성을 결정합니다. 다만 외국계 브랜드이다 보니 회계 원년 기준으로 9월에 모든 변화가 시작되지요. 최근에는 브랜드 철학인 '라이프 앳 홈'을 강화하기 위해 우리나라 사람들의 삶을 더욱 자세히 살펴봤어요. 해당 캠페인을 진행했던 당시를 '집에서의 생활, 집에서의 삶의 원년'이라고 불렀죠.

최근 몇 년간 주거 문화는 더욱 빠른 속도로 변하고 있습니다. 집에서 많은 시간을 보내다 보니 자신의 감성과 취향, 패션까지 집에 반영하고 있지요. 이제 집은 기능적인 측면을 넘어서 나의 삶이 묻어 있는 복합적인 공간으로 변화하고 있어요. 이런 흐름에 맞춰 집에서 사람들이 어떤 일상을 보내고, 그 모습이 어떻게 바뀌었는지, 그리고 그 모습이 집에 어떤 영향을 끼쳤는지 면밀하게 분석했습니다. 이를 바탕으로 사람들에게 새로운 영감을 불어넣고 싶었어요.

브랜드 캠페인을 통해 커뮤니케이션을 진행할 때는 공감과 영감이 가장 중요합니다. 저는 가장 유의미한 방식으로 '새삶스럽게'라는 메시지를 전하고자 했습니다. 해당 캠페인 영상을 보면 다양한 분들의 삶이 나옵니다. 친구 커플끼리 함께 살

나는 직접 만든 것을 애정한다
내 눈에 예쁜 게 중요하다
과학자보다 지구의 미래를 고민하다
나의 물건은 곧 나의 역사다
쇼핑은 구매보다 경험이다

고객이 공감할 수 있는 이케아의 메시지들.

고 있는 서퍼들, 한옥에서 혼자 사는 30대 남성, 게임하는 할머니 등 기존 미디어에서 볼 수 없었던 모습을 담고 싶었어요. 또한 집에서 만들어지는 첫 번째 순간들에 초점을 맞추고 싶었습니다. 아이들의 성장, 새로 만드는 물건, 새롭게 발견한 나의 모습 등 첫 번째 순간들이 모이면서 또다시 공감과 영감이 만들어지니까요.

손을 내미는 많은 브랜드 중 파트너 브랜드를 선정하는 기준이 있으신가요?

————

말씀드린 것처럼 '라이프 앳 홈'과 '홈 퍼니싱'은 이케아의 핵심이며, 이케아는 현재 이 분야를 이끄는 리더라고 자부합니다. 그렇기 때문에 사람들의 삶이나 거주 문화, 집이 어떻게 변화하는지 면밀하게 살펴보고 새로운 개념과 공간에서 이케아만의 솔루션과 디자인으로 무언가 다른 것을 보여주고 싶었어요. '새삶스럽게' 캠페인도 그 일환입니다. '에피소드 수유 838'과 함께한 공용 주거 형태도 기존 셰어하우스와는 다른 새로운 개념을 보여줬다고 생각해요.

이케아에는 '어포더빌리티Affordability'라는 개념이 있습니다. 가성비와 가심비가 통합된 개념이라고 이해할 수 있어요. 이케아의 브랜드 가치를 직접적으로 읽고 공감한 고객은 별로 없을 겁니다. 그런데 이케아를 '낮은 가격에 원하는 제품을 구매할 수 있는 브랜드'로 기억하는 등 알게 모르게 브랜드의 핵심 가치를 공유하는 이유는 바로 어포더빌리티 덕분이에요. 보다 많은 사람들을 위한 더 좋은 생활을 만들기 위해서는 더 저렴한 가격에 더 많은 사람에게 더 좋은 제품을 제공해야 합니다. 지갑이 얇은 사람도 갖고 싶고, 필요한 제품을 구매할 수 있는 브랜드가 되어야 하는 것이지요. 다른 브랜드들은 베스트셀러가 되면 해당 제품의 가격을 올리는데, 이케아는 오히려 제품의 가격을 내려서 더 많은 이들이 이케아 제품을 구매하고 경험할 수 있게 만듭니다. 우리 제품을 통해 사람들이 더 좋은 집을 만들면, 결국 우리 브랜드가 원하는 것처럼 보다 많은 사람들이 더 좋은 생활을 만드는 것으로 이어질 거라고 보는 것이지요.

이케아는 브랜드의 현재 방향뿐 아니라 핵심 가치까지 고려해 파트너를 선정합니다. 2022년에 진행한 캠페인 '새삶스럽게'의 경우, 에피소드를 만든 SK D&D와 협업했지요. SK D&D는 경제적 가치와 사회적 가치를 동시에 추구하며, 모든 이해관계자의 행복과 지속가능한 성장을 실현하고자 하는 기업이에요. 에피소드는 나다운 가구, 마음의 여유를 줄 수 있는 서비스, 이웃과의 연결고리를 만드는 공유 주거 브랜드입니다. 이 브랜드의 핵심 가치는 이케아가 추구하는 비전과 방향

에피소드와 함께 청년들의 주거 문제 해결에 앞장섰던 이케아.

이 굉장히 비슷했습니다. '많은 사람을 위한'이라는 가치 아래, 특히 밀레니얼세대든 Z세대든 관계 없이 젊은 세대들의 삶에 더 깊이 관여해야겠다고 판단하고, 어떻게 하면 이들의 삶과 연결될 수 있을지 고민하던 끝에 캠페인 파트너로 에피소드를 선택한 거죠. 젊은 세대, 특히 학교 때문에 서울로 올라온 대학생들을 대상으로 에피소드에서 진행한 활동들이 이케아의 가치와 잘 맞아떨어져 함께하게 되었습니다. 우리나라에 없던 새로운 무엇인가를 멋진 파트너와 함께 만들어 나가는 건 쉽

지 않은 일이었지만 좋은 결과로 이어진, 매우 의미있는 경험
이었습니다.

글로벌과 로컬,
두 마리 토끼를 잡는다는 것

글로벌 브랜드인 만큼 캠페인 메시지에 대한 가이드라인이 명확
할 텐데, 이를 국내 시장에 맞게 잘 소화하고 있으신 것 같아요.
———

말씀하신 것처럼 본사로부터 우리 브랜드가 나아가야 할
전체 컨셉과 메시지를 공유받아요. 글로벌 가이드를 지키되
우리나라의 시장 상황과 트렌드, 고객의 반응과 행동을 동시
에 고려해 이케아가 전달하고자 하는 메시지를 로컬화합니다.
마케팅 부서만의 일이라기보다는 다양한 부서들과 협업해 진
행하고 있습니다. 이는 글로벌 브랜드의 마케터로서 가장 중
요하게 생각하는 부분이기도 합니다.

홈 퍼니싱 관점에서 볼 때 우리나라 시장만의 특별한 점은 무엇
일까요?
———

이케아가 우리나라에 들어온 지 10년 정도 되었습니다. 당시 국내에는 홈 퍼니싱이라는 개념 자체가 거의 없었어요. 우리에게 생소했던 홈 퍼니싱 개념을 만들고 알리고 이끌면서 새로운 문화를 만드는 데 크게 기여했다고 생각합니다. 앞으로도 시대의 흐름보다 반 발짝 앞서 가기 위해 이케아는 오늘도 치열하게 노력하고 있습니다. 이케아가 여전히 우리나라 시장에서 홈 퍼니싱의 리더라고 자부하는 이유입니다.

또한 이케아는 브랜드 커뮤니케이션에 우리나라만의 특색과 요소를 반영하려고 노력하고 있습니다. 예를 들어, 우리나라 사람들이 가장 많이 살고 있는 주거 형태인 아파트 문화를 고려해 이에 적합한 홈 퍼니싱을 제안하기 위해 다각도로 분석하고 있습니다. 국가나 문화권에 따라 사람들의 특성이나 주거 환경이 다르잖아요. 일본은 초고령화 사회에 대개 작은 집에서 살고, 서양은 어린 나이에 일찍 독립하는 등 문화와 사회의 특수성이 존재하기 때문에 그에 맞춰 접근해야 합니다. 이케아는 이처럼 사람들의 라이프 사이클에 맞춰서 지속적으로 좋은 메시지와 좋은 제품, 홈 퍼니싱 솔루션들을 제공하기 위해 고민하고 있습니다.

홈 퍼니싱을 선도하는 이케아만의 '감성'을 따라 하려는 브랜드들이 자연스럽게 생겨나고 있습니다. 타 브랜드에서 따라 할 수 없는 이케아만의 자기다움은 무엇인가요?

———

대표적으로 홈 퍼니싱 '솔루션'이 있어요. 이케아의 가장 큰 장점은 '모든 것이 한 지붕 아래 있다Everything under one roof'는 것입니다. 이케아는 고객의 다채로운 라이프스타일을 복합적으로 고려해 가구를 포함한 토털 인테리어 솔루션을 제공합니다. 거실, 주방, 욕실, 사무실 등 다양한 영역의 상품이 존재해 필요한 상황에 따라 일반 가정뿐만 아니라 거의 모든 실내 영역에 대한 적절한 조합을 제시할 수 있습니다. 이런 통합적인 솔루션을 제시할 수 있는 브랜드는 이케아 외에는 찾아보기 어렵다고 생각합니다.

게다가 단순히 제품을 진열하고 추천하는 것이 아니라 그 안에 브랜드의 메시지를 담는다는 점이 다른 브랜드와 차별화됩니다. 홈 퍼니싱 문화를 만드는 것 외에도 다양한 캠페인(새삶스럽게, 수많은 처음들이 시작되는 곳, 나를 아끼는 집 등)을 통해 집과 삶의 의미를 재정의하려고 노력하고 있습니다.

무엇보다 가장 중요한 차이점은 고객이 이케아를 가장 먼저 만나는 매장에서의 경험에 있습니다. 다른 브랜드에서는 상상할 수 없는 이케아만에서의 경험들이 이케아 고유의 색깔을 만들어낸다고 생각합니다.

이케아코리아에서 일한다는 것

이케아만의 정체성을 느낄 수 있는 조직 문화는 어떤 것인가요?
——

창업자의 강력한 리더십과 독특한 비즈니스 아이디어, 이 모든 것을 강력하게 지탱하는 비전과 명확한 가치관, 사업과 회사 전반에 이를 실천하려는 조직 구성원들 간의 유대와 연대를 들 수 있습니다. 제 동료들은 단순히 브랜드를 '좋아한다'는 느낌을 넘어서서 이케아라는 브랜드에 대한 믿음과 사랑이 있습니다. 브랜드에 대한 믿음과 사랑은 자부심 혹은 직원 만족도와는 조금 다른 개념이에요. 바로 이것이 이케아 브랜드의 가장 중요한 원동력이라고 생각합니다.

이케아의 인재 철학은 '모든 사람은 각자 탤런트가 있다'라는 말로 요약할 수 있습니다. 각자 다른 조건, 환경에서 능력이 있다고 생각하고, 지금 현재 보이지 않더라도 발현되지 않은 재능이 분명 어딘가에 존재할 것이라고 믿어주는 거죠. 마치 도심을 멋지게 누벼야 할 스파이더맨이 사막 한가운데 있어서 제 능력을 발휘하지 못하는 것처럼요. 조직원에 대한 믿음을 바탕으로 이들을 적재적소에 배치해 능력을 발휘할 수 있도록 돕고 있습니다.

함께하는 문화도 이케아 깊숙이 자리 잡고 있어요. 자원도 부족하고 작은 동네에서 만들어진 이케아이기에 공동체로서 함께 일하는 것의 중요성을 그 어느 조직보다 잘 알고 있습니다. 그래서 '하나의 이케아', '우리는 함께 모든 것을 만들어간다'는 인식이 굉장히 강하지요. 이러한 연대감은 내부 구성원과 조직의 관계를 고민하는 인터널 브랜딩Internal Branding과 일하는 방식의 핵심을 구성한다고 볼 수 있어요. 명확하게 실질적인 움직임이 있는 것은 아니지만 구성원들을 정신적으로 하나로 묶는 '닻'이 되어주지요. 물론 모든 회사가 비슷한 요소를 핵심 가치로 내세우고 있지만, 구성원들이 진짜 피부로 느껴지도록 실천하고 노력하는 회사는 그렇게 많지 않습니다.

그러한 이케아라는 조직, 브랜드에서 일한다는 것은 어떤 건가요?
———

확실히 브랜드로서 하나되는 느낌을 받습니다. 물론 모든 것이 완벽하지는 않지만 보다 끈끈함을 느낄 수 있어요. 우리 브랜드의 정체성에 대한 논의가 자연스럽게 이뤄지는 것 같습니다.

CMO님은 지금의 자리에 오기까지 어떤 경력을 쌓아오셨나요?

제너럴모터스에서 경력을 쌓기 시작하면서 전략·사업 기획 쪽에서 다양한 업무를 진행했어요. 이후 판매 서비스 마케팅 총괄 부사장실 산하의 부서에서 판매 서비스 마케팅 총괄 전략 기획 관련 일을 했습니다. 부사장님의 보좌관 같은 역할이었지요. 다양한 전략 기획을 종합적으로 바라보며 마케팅과 브랜드가 무엇인지, 각각의 업무들이 어떻게 촘촘하게 연결되어 있는지 보는 눈을 기를 수 있는 좋은 기회였습니다.

이후 쉐보레에서 브랜드 매니지먼트 팀을 맡게 되었습니다. 말리부, 올 뉴 크루즈 등 신차 출시와 펜타포트 록 페스티벌의 메인 스폰서 프로젝트 등 마케팅 프로젝트들을 진행했습니다. 이때 사랑받는 브랜드와 좋은 제품, 매혹적인 마케팅이 어떤 시너지를 일으킬 수 있는지 직접 몸으로 배웠어요. 이후 더 좋은 마케터로 거듭나기 위해 새로운 도전을 했습니다.

저는 업계를 폭넓게 옮겨 다닌 독특한 경우예요. 글로벌 미디어 커뮤니케이션 서비스 기업인 WPP의 크리에이티브 대행사 AP Account Planning 업무도 담당했고, 카카오모빌리티에서 브랜드 전략과 밀접한 마케팅 팀도 맡았어요. 이후 스타트업의 CMO, 쿠팡 마켓플레이스의 브랜드 마케팅을 거쳐 이케아 마케팅을 총괄하게 되었습니다.

마케팅, 브랜드 전략을 수립하는 것부터 영감과 공감을 부르는 브랜드 마케팅 캠페인 활동, 성장과 로열티를 만드는 퍼포먼스, CRMCustomer Relationship Management(고객관계관리) 등 마케팅의 거의 모든 영역을 기획하고 실행해 브랜드의 성장을 지켜볼 수 있었습니다. 이 같은 경험을 통해 새로운 성장 동력을 창출하는 마케팅·브랜딩 디렉터로서의 전문성과 정체성이 강화된 것 같습니다.

여러 조직을 옮겨 다니면서도 잘 적응할 수 있었던 커뮤니케이션 노하우가 있으실까요?

——

업계가 바뀌더라도 마케팅은 플랫폼 같은 존재로 본질은 바뀌지 않는다는 믿음을 가지고 있어요. 이러한 접근 방식과 다양한 부분을 연결하는 기술과 경험connecting the dots, 이것이 총괄자가 가져야 하는 능력이라고 생각합니다. 특히 브랜드에서 마케팅은 엄청나게 창의적인 무언가를 만들어내는 것만 중요한 게 아닙니다. 광고나 경험 마케팅은 어떻게 보면 마케팅에서 극히 일부를 차지할 뿐입니다.

제가 가장 창조적인 사람일까요? 제가 가장 전략적인 사람일까요? 아닙니다. 획기적인 아이디어를 낸다거나 엄청나게 멋있는 카피를 만드는, 저보다 훨씬 뛰어난 전문가들이 많이 있습니다. 마케팅은 이런 전문가들과 함께 만들어 나가는 것입니다. 제 역할은 앞서 말씀드린 것처럼 방향을 설정하고 연결하고 창조하는 것입니다.

마케팅이라는 플랫폼 안에는 그 산업과 브랜드에 맞는 코어 콘텐츠가 있어야 합니다. 그 콘텐츠는 크게는 업계와 시장에 따라 달라지기도 하고, 조직과 문화에 따라 달라지기도 하기 때문에 새롭게 적응해야 하는 조직에 녹아들기 위해서는 먼저 인사하고 배우고자 하는 마음가짐과 태도로 다가가야 합니다. 그래서 저는 그 조직에 원래 있던 분들의 이야기를 경청하는 편이에요. 그 단계가 지나면 그동안 모아두었던 것들을 필요한 순간에 적절히 통합하고 연결해서 고객과 소통하며 브랜드를 만들어갑니다. 때로는 단호함도 필요한데, 그 단호함을 발휘하기에 앞서 다양한 의견을 수렴하고 많은 대화와 논의를 합니다.

CMO님은 어떤 리더이신가요?
——

저는 리더로서 세 가지를 할 수 있어야 한다고 생각하는 사람이에요. 첫째, 명확한 전략과 방향을 제시해주는 것. 둘째, 각자의 영역에서 능력치를 최대한 발휘할 수 있는 환경을 제공하는 것. 그리고 셋째, 이것들을 차곡차곡 통합적으로 연결되도록 만드는 것. 리더로서 이 세 가지를 갖춰야 조직이 성장하고 함께 한 방향으로 달려갈 수 있다고 생각합니다. 물론 저도 불분명한 지시를 내리기도 하고, 두루뭉술한 기대 효과를 이야기할 때도 있어 팀원들과 방향을 맞추는 데 어려움을 겪기도 해요. 하지만 가능한 큰 틀에서의 전략과 나아갈 방향은 흔들리지 않고 제시하려고 합니다. 그 이후에는 실무진이 각자의 영역에서 능력을 펼칠 수 있도록 권한을 주고 있습니다.

'어떤 조직을 만들면 좋겠느냐' 하는 질문을 받았을 때 저는 영국 의회 같은 조직이 되었으면 좋겠다고 얘기해요. 서로 각자의 생각을 논리적으로 이야기할 수 있는 분위기가 되었으면 좋겠다고 말합니다. 저는 리더십과 관련해 스티브 잡스 영향을 많이 받았습니다. 그가 "최선의 아이디어는 이겨야 한다 Best ideas have to win"라고 얘기한 인터뷰가 있었어요. 잡스가 굉장히 강한 카리스마와 리더십을 가지고 있고, 천재적인 아이디어를 줄줄이 내놓았을 것 같지만 실제로 그는 다른 사람들의 의견이 더 낫다고 판단하면 즉시 자신의 의견을 바꿔 그 의견을 따랐다고 해요. 이처럼 자유롭고 주도적으로 말할 수 있는 환경과 최고의 아이디어를 제시할 수 있는 조직을 만드는 리더가 되고 싶습니다. 이렇게 얘기하면 저와 같이 일했던 분들이 고개를 갸웃거릴 수도 있을 텐데, 이 자리를 빌려 앞으로 그럴 수 있도록 노력하겠다는 말씀을 드리고 싶습니다. (웃음)

이케아를 제외하고, 개인적으로 어떤 브랜드를 좋아하세요?

———

저는 밴드 '더 긱스The Geeks'의 보컬로 25년 동안 음악을 해오고 있어요. 우리나라를 넘어 해외에서도 활동하고 있습니다. 하드코어나 펑크 등 굉장히 마이너한 음악을 추구하는데, 이 영역에서는 나름대로 고유한 브랜드를 구축했다는 자부심이 있습니다. (웃음) 저는 다양한 브랜드 중 특히 반스를 좋아해요. 여기에는 이런 문화적 배경이 작용한 것 같습니다.

반스는 미국에서 하드코어와 펑크 신scene, 그리고 스케이트보드 신의 성장에 크게 기여한 브랜드입니다. 즉, 주요 서브컬처들과 함께 성장한 브랜드가 바로 반스예요. 마이너한 음악을 좋아했던 저는 반스가 우리나라에 들어오지 않았을 때부터 어떻게든 구해서 신어보는 것이 꿈일 정도로 반스를 좋아하고 동경해왔습니다. 또한 반스가 시대의 변화 속에서 기존 서브컬처가 과거에 비해 조금 더 보편화되었는데, 그 변화들을 유연하게 연결시키며 자신의 브랜드 아이덴티티와 에센스를 지켜온 점을 높이 평가합니다. 저 개인의 역사로 봐도, 마케터로서 봐도 반스는 흥미로운 브랜드입니다.

'서기석'이라는 브랜드는 어떤 브랜드인가요?

———

저는 저 자신을 '물' 같은 사람이라고 생각해요. 제가 가진 사회적 위치에서 가져야 할 자질과 플랫폼적인 면모가 물과 비슷한 것 같아요. 형태는 정해지지 않았지만 그릇 안을 채울 수도 있고, 유연한 존재이지만 강한 흐름을 만들어내기도 하잖아요. 쉽게 말해, 물처럼 다양한 변화에 잘 적응하는 사람이 되고 싶고, 그러기 위해 노력하는 브랜드라고 말하고 싶습니다. 마치 이소룡의 철학처럼요. (웃음) 나이를 먹으면서 이런 물 같은 접근이 더욱 필요하다고 느낍니다. 트렌드를 주도하는 건 젊은 세대이지요. 젊은 마케터들에게 결정을 맡기는 것 또한 중요한 것 같습니다. 그런 물 같은 사람, 마케터가 되고 싶어요.

마지막으로 매우 실존적인 이야기지만, 새로운 트렌드가 등장하면 마케터로서 이해되지 않아도 그냥 '받아들여야' 할 때가 있다고 생각합니다.

세상의 가치를
비즈니스로 연결하다

한경애

코오롱FnC 부사장

"코오롱FnC가 지속가능성에 대해 말하고 있는데, 이것이 실제 비즈니스가 될 수 있을까 하는 의문을 갖는 분들이 많습니다. 그렇기 때문에 이러한 활동이 비즈니스에서 실제 수익으로 이어지는 선례가 되는 것이 굉장히 중요해요. 새로운 도전이기에 더디게 움직이고 있지만, 코오롱FnC의 도전과 결정이 결국 세상을 바꿀 거라고 믿어요."

의상학과를 졸업한 뒤 남성복 디자이너로 사회생활을 시작한
한경애 부사장은 좋은 브랜드를 만들기 위해 코오롱FnC에서
브랜드 전략과 혁신을 책임지는
CSO Chief Sustainability Officer(최고지속가능경영책임자)로서 담당했다.
국내 업사이클 패션 브랜드 래코드, 로컬의 가치를 담은
라이프스타일 브랜드 에피그램, 어반빈티지 캐주얼 편집 브랜드인
시리즈 등의 브랜드 파운더로 사회현상을 패션이라는 망원경으로
바라보며 생각을 확장해왔으며, 현재는 환경과 지속가능성을
중심에 둔 브랜딩을 통해 그 가치를 실현하고 있다.

코오롱FnC,
지속가능성을 말하다

코오롱FnC는 어떤 브랜드인가요?

———

코오롱인더스트리FnC부문(이하 코오롱FnC)은 1975년 론칭한 우리나라의 대표 아웃도어 브랜드 코오롱스포츠를 필두로 남성복, 여성복, 잡화는 물론 해외 프리미엄 레이블까지 약 30개 브랜드를 보유한 대표적인 국내 패션 기업입니다. 또한 국내 패션 기업으로는 유일무이한 업사이클링 패션 브랜드 래코드를 가지고 있어요. 패션 플랫폼 코오롱몰은 패션뿐만 아니라 라이프스타일 전반에 관련된 800여 개 브랜드를 소개하고 있으며, 온오프라인 유통을 아우르는 통합 물류센터로 자리매김하는 등 패션 사업에 최적화된 인프라도 갖추고 있습니다.

부사장님은 국내 패션업계 최초로 CSO 직책을 맡으셨었는데요. 코오롱FnC에서 이 조직을 꾸린 이유와 이를 통해 기대하는 결과, 사회적 역할이 궁금합니다.

———

지금 사회적으로 '머스트must'라고 여겨지는 것을 선도하는 것이 코오롱FnC가 추구하는 방향이에요. CSO 직책을 마련한 것은 코오롱FnC가 정확하게 어떤 메시지를 전달하겠다고 선언한 것이라고 생각하면 됩니다. 코오롱FnC는 지속가능성 sustainability의 'S'를 이뤄내기 위해 남들이 하기 어려운 것을 '실천' 하려고 노력하고 있습니다. 이를 위해 ESG 임팩트팀을 신설하는 등 체계적으로 움직이고 있어요.

친환경을 위해선 옷을 덜 사야 하기 때문에 지속가능성과 비즈니스가 연결될 수 있는지 의문을 갖는 분들이 많은데, 바로 이 때문에 이러한 활동이 실제 수익으로 이어지는 선례를 만드는 것이 굉장히 중요해요. 새로운 도전이기에 더디게 진행되고 있지만, 이런 도전과 결정이 결국 세상을 바꿀 거라고 믿습니다. 코오롱FnC는 패션 브랜드가 옷을 파는 행위에만 한정돼 있는 것에 의문을 품었어요. 패션 브랜드가 교육을 통해 사람들의 생각을 바꿀 수도 있잖아요? 제가 맡고 있는 브랜드에서는 만드는 사람, 즉 브랜드에 책임과 해결책이 있다고 생각해요. 그래서 코오롱스포츠에서는 원단뿐만 아니라 단추, 지퍼 등 부자재까지 모두 하나의 소재로 만들어진 모노 머터리얼mono material을 통해 해체 과정에 버려지는 것 없이 옷 한 벌을 그대로 녹이면 다시 같은 소재의 옷을 만들 수 있는 완벽한 사이클을 추구하고 있어요.

이러한 맥락에서 래코드는 재고에 대한 해결책을 제시하는 브랜드입니다. 고객을 만나지 못한 옷의 수명을 늘려준다고 해서 '닥터'라고도 불러요. 옷의 운명은 고객의 선택을 받냐 못 받냐에 따라 '입는 옷이 되느냐 버려지느냐'가 갈립니다. 여기에서 래코드는 선택받지 못한 옷에 다시 한번 기회를 줍니다. 디자이너가 옷의 소각 과정까지 보는 일은 흔치 않은데, 그런 경험을 해보면 생각이 달라져요. 저에게도 그것이 하나의 계기가 되었지요. 패션 산업은 결국 계속해서 소비가 일어날 수밖에 없는데, 이러한 활동을 통해 사람들이 잠시 멈춰서서 한번쯤 생각하게 만드는 것이 우리의 역할이라고 생각합니다.

래코드의 10주년 기념 전시 '리콜렉티브: 25개의 방'에서는 지속가능 메시지와 관련된 직접적인 경험을 제공했어요. 마지막 날 전시가 거의 끝날 무렵, 산학협력 인연이 있는 파주타이포그라피학교 교수님이 아이를 데리고 급하게 방문하신 게 기억나네요. 평범함의 기준이 흐려지는 요즘, 아이들에게 우리가 무엇을 지켜야 하는지 경험하게 해줄 수 있다는 건 제게도 값진 일이었어요.

말씀해주신 장기적인 가치는 비용도 많이 들고 평가 기준도 기존과 다를 것 같아요. 코오롱FnC는 이런 활동을 어떤 지표로 평가하시나요? 쉽지 않은 길을 개척하면서도 성과를 낸 방법이 궁금합니다.

———

래코드가 이야기하는 '쿨 컨시어스니스Cool Consciousness',
환경적, 사회적 책임을 다하는 옷을 통해 의식 있는 삶을 실현하도록 돕는다.

지속가능성은 세상에 없던 기준이다 보니 지금도 끊임없이 고민을 하고 있어요. 특히 래코드의 경우, 제가 넣고 싶은 메시지를 굉장히 많이 넣고 있지요. 환경을 고려할 뿐만 아니라 사회적 배려자들이 자립하는 것을 돕고 싶어요. 이를 위해 싱글맘과 새터민 등이 래코드 제품 생산에 기여하고 있고요. 봉제 기술을 가진 리메이커에게 재능을 펼칠 수 있는 기회와 공간을 제공하는 박스 아뜰리에를 운영하고 있어요. 또한, 자립준비청년을 인턴으로 고용해 사회 경험을 쌓도록 하는 등 독립하는 과정을 돕고 있습니다. 평가 지표는 우리가 가치의 기준을 어떻게 두느냐에 따라 달라지겠죠?

저는 디자이너부터 디렉터, 사업부장 등 여러 영역에서 일하며 다양한 분야에 관심을 갖게 되었어요. 이를 바탕으로 패션 시장을 읽으려고 노력했어요. 저와 함께 출장을 가면 다들 굉장히 힘들어해요. (웃음) 남성복만 보면 되는데, 여성복도 보고 인테리어나 F&B 영역도 기웃거리니까요. 저는 특히 리빙에 관심이 많아서 이를 에피그램에 접목해 테스트했어요. 이렇듯 여러 관점에서 바라보는 시도를 하면 또 다른 기회가 만들어지거든요. 원래 당연했던 것도 관점을 바꾸면 새롭게 보이더라고요. 옷이 그동안에는 우리를 자연이나 외부 환경으로부터 보호하기 위한 것이었지만, 더 이상 즐길 수 없을 정도로 자연이 망가져버린 현재의 상황에서는 옷을 소개하면서 자연을 염두에 둬야 한다는 생각이 들더라고요.

올바른 패션,
올바른 브랜드

코오롱FnC의 에피그램은 어떤 메시지를 던지는 브랜드인가요?
———

데일리 패션 브랜드이지만 에피그램은 우리나라 로컬의 가치에 집중하는 브랜드예요. 에피그램은 협업을 통해 특정 지역을 소개하고, 로컬 굿즈를 만들어 판매하기도 해요. 이와 관련, 7년 동안 인구가 점점 줄어들고 있는 14개 지역의 '군'과 협업을 진행했습니다. 하동의 경우, 굉장히 성공적이었어요. 배우 공유와 작업해서 국내 팬들이 많이 찾았지요. 광주 비엔날레를 계기로 근대화의 흔적과 매력을 발굴했던 광주에서의 팝업스토어도 기억에 남아요. 이렇듯 에피그램 역시 옷을 파는 것 그 이면에 숨어 있는 이야기를 발굴하기 위해 도전하는 브랜드입니다.

우리나라의 로컬은 콘텐츠 면에서는 장점이 충분한데, 숙박 면에서 매력이 없어서 사람들이 많이 찾지 않는다고 생각해요. 그래서 에피그램은 로컬에 '스테이'를 덧붙여 '올모스트

홈 스테이'를 만들었어요. 단순히 공간을 고치는 데 그치지 않고 감성과 콘텐츠를 더하니, 방문하는 고객의 반응이 확연히 달라지더라고요. 숙박 예약률이 높아지고 방문객이 많아지면서 지역 사회를 되살리는 상생의 효과도 있었어요. '패션 브랜드가 왜 그렇게까지 하느냐' 하는 질문에 저는 '마케팅은 왜 꼭 멋진 모델만 활용해야 하느냐'라고 반문하고 싶어요. 결국 우리는 로컬에 마케팅을 한 것이죠.

에피그램은 남성복과 여성복을 같이 취급하는 유니섹스 브랜드입니다. 또한 라이프스타일 상품들을 함께 제안하는 브랜드로, 다른 브랜드들과는 차별화된 모습을 보이고 있죠. 백화점이라는 한정된 공간에서 소비자들에게 최적의 상품을 제안하기 위해서는 상품의 수를 압축할 수밖에 없어요. 이를 위해 에피그램은 자체적인 큐레이팅 과정을 철저히 해서 적중률을 높이고 재고를 줄이고자 노력하고 있습니다. 이렇듯 선택과 집중을 통해 다양하지만 효율성 높은 상품들을 구성하고 이를 통해 이익에 기여하는 구조를 만들었습니다.

패션 브랜드가 제품의 다양성을 줄인다는 것은 쉽게 할 수 없는 과감한 선택 같아요. 브랜드와 환경을 지키기 위한 또 다른 노력이 있으신가요?
———

환경을 지키려면 비용이 들 수밖에 없어요. '로컬을 지킬게요. 환경을 지킬게요'라고 말하면서 진행하는 팝업스토어도 철수한 뒤에는 엄청난 양의 폐기물을 남기잖아요. 생각의 전환이 필요했어요. 낙원상가에서 진행한 코오롱스포츠의 '솟솟상회'에는 당시 정리하던 청담 매장의 인테리어 자재를 재활용했어요. 래코드 청담 플래그십 스토어도 벽에 아무것도 붙이지 않았어요. 공간을 활용하고 떠난 뒤 가능한 한 최소한의 폐기물만 남기고자 노력했죠. 저는 개인적으로 우리나라에서 가장 지켜야 할 곳은 제주도라고 생각하는데요, 코로나 19로 해외 여행길이 막히면서 많은 사람이 몰려들어 굉장히 많은 쓰레기가 버려졌어요. 그래서 솟솟리버스 제주는 옛 건물 그 자체를 활용하고 폐기된 스티로폼으로 테이블을 만들었어요. 이를 통해 '우리는 이렇게 제주를 다시 살릴 수 있어'라는 메시지를 주고 싶었지요.

중고 시장에서 10년 된 코오롱스포츠의 옷이 소비되는 것을 보고 환경에 기여할 방법을 찾는 것을 어렵게만 볼 필요가 없다는 생각이 들었어요. 오래 입을 수 있고 다시 소비될 수 있는 좋은 옷을 만들자는 쪽으로 방향을 잡았습니다. 코오롱스포츠의 아웃도어는 흠집이 나도 더 이상 찢어지지 않고 구멍이 나는 데 그치는 소재로 만들어졌어요. 와펜 하나만 덧대면 옷을 못 입을 이유가 사라지죠. 다른 브랜드의 옷도 들고 오시면 와펜을 붙여드려요. (웃음) 사실 지금 가장 큰 문제는 1년도 입기 어려운 수준의 옷들에 있거든요.

좋은 가치를 전달하고 싶어 하는 다른 많은 브랜드들도 이 지점이 고민일 거예요. 아무리 중요한 의미를 가졌더라도 고객들이 그 이유만으로 제품을 사지는 않잖아요? 이런 지점에서 어떻게 균형을 찾고 계세요?

———

저도 정확히 같은 생각이에요. 우리 브랜드가 아무리 좋은 가치를 갖고 있더라도 옷으로서의 첫인상이 좋아야죠. 우리 옷을 입고 싶게끔, 입는 사람이 매력적으로 느껴지게끔 만들어야 해요. 제가 래코드 팀에 요청하는 것도 바로 그런 거예요. 업사이클링한 소재라도 그 소재의 과거보다 현재의 매력이 돋보이게 하라는 것이지요. 감사하게도 이 방향에 감동하시는 분들이 계시더라고요. 2018년, 2019년 프랑스 마르세유에서 진행한 안티패션 컨퍼런스에 초청되어 한국의 업사이클링을 알리는 연설을 했어요. 다행스럽게도 우리 부스와 업사이클링 참여형 워크숍에 많은 관심이 쏠리더라고요. '옷의 요람에서 무덤까지의 솔루션을 담고 있다'라고 평하며 그 가치에 공감해주었습니다.

지금 당장은 무관심해 보이더라도 결국 사람들이 윤리적인 고민을 하는 시기가 온다고 봐요. 예를 들어 코로나19가 우리 생활 반경을 깨뜨리고 들어와 큰 영향을 준 것처럼 '앞으로는 어떤 행동을 해야겠구나' 하는 깨달음을 줄 수 있을 거라고 믿어요. 편의점에서 라벨이 없는 물병을 보고 한번 생각하게 만드는 것처럼요. 많은 사람들을 다 변화시킬 수는 없겠지만 래코드를 통해 코오롱FnC만의 가치를 보여주다 보면 '난 이 길을 갈 거야'라고 하는 개척자들에게 울림을 줄 수 있을 거라는 확신이 있어요. 환경을 지키는 것은 기본적으로 편하지 않아요. 하지만 이를 통해 인식과 행동의 변화를 이끌어낼 수 있을 거라고 생각합니다.

코오롱FnC 산하에는 많은 브랜드가 있어요. 이처럼 브랜드가 많은 것은 어떤 방향성 혹은 메시지로 해석할 수 있을까요? 에피그램의 품목을 줄인 것처럼 브랜드의 수도 줄일 수 있지 않을까요?
———

코오롱FnC 브랜드가 다양성을 갖는 것은 점점 개인화되는 문화를 포용하기 위해서예요. 우리나라 디자이너들이 설 자리를 확보해주려는 것도 하나의 이유예요. 요즘엔 개인 디자이너들이 인터넷에서 활로를 찾고 있지만, 어느 수준에 이르면 한계에 맞닥뜨리게 되는 게 사실이거든요. 브랜드를 늘리고 줄이는 것은 참 어려운 일이에요. 환경이나 시장, 비즈니스나 수익을 고려해야 하고 효율성 관점에서도 바라보아야 하니까요.

브랜드를 만드는 일은 어렵지만, 키우고 알리는 일은 더욱 어려울 것 같아요. 이와 관련해 많은 경험이 있으신 부사장님이 브랜드를 만들고 키우는 데 있어 가장 핵심적인 요소로 꼽는 것은 무엇인가요?

———

저는 브랜드를 하나의 인격체라고 봐요. 시리즈나 에피그램, 래코드 등의 브랜드 설립자로서 다행히도 10년 넘게 있어 왔어요. 그래서 브랜드를 처음 만든 사람으로서 그 생각을 꾸준히 유지할 수 있었는데, 사실 기업에선 언제든 그 담당자가 바뀔 수 있잖아요. 패션 브랜드를 소비하는 사람은 그 브랜드를 입는 행위에 그치지만, 브랜드 입장에서는 끊임없이 말을 하고 있다고 생각해요. 그렇기 때문에 브랜드가 커뮤니케이션 하는 데 있어서 벗어나지 않아야만 하는 키워드가 있어야 하죠. 설립자가 바뀌고 시장이 바뀌었다고 변하면 그건 올바른 브랜딩이 아니에요. 명품이 명품일 수 있는 이유는 자신들의 고유한 스토리텔링이 있기 때문이에요. 고객과 커뮤니케이션 이 이루어지는 현장과 매장에서의 목소리가 유지될 수 있도록 여러 장치를 만드는 것이 중요하지요. 이를 위해 저는 새로운 직원들이 입사하면 직접 강의를 하기도 해요. 결국 브랜딩의

래코드 청담 플래그십 스토어.
고유한 관점으로 일관된 이야기를 하는 래코드.

근간을 만드는 게 중요해요. 그래서 아직도 현장 경험을 많이 하려고 노력하고 있습니다.

공간으로부터
공감을

코오롱스포츠의 50주년을 기념하는 방법으로 팝업스토어 전시를 통해 그동안 걸어온 발자취를 담아냈습니다. 이 공간을 통해 고객들에게 궁극적으로 어떤 메시지를 전달하고 싶으셨나요?
———

코오롱스포츠가 고성장을 이룬 대한민국의 다양한 시간들에 한몫해온 저력, 즉 과거의 50년을 기반으로 미래의 50년을 준비하는 출발점에서 전시를 준비했습니다. 전시에는 끊임없는 혁신과 꾸준함으로 고객에게 감동을 주는 브랜드가 되기 위해 더욱 노력하겠다는 메시지를 담았어요. 코오롱스포츠가 50주년을 맞이한 데는 지속적인 R&D의 역할이 컸다고 생각해요. 지금까지는 옷의 기능성을 향상하기 위한 기술적인 혁신을 추구했다면 이제는 모노 머터리얼 등 옷이 만들어지는 과정부터 소비되기까지를 고려하는 지속가능성에 대한 방향성을 가지고 있습니다. 미래 세대와 자연을 위한 노력이죠. 50주년 전시에서도 그러한 메시지를 전달하려고 했습니다.

그동안의 코오롱스포츠를 담기 위해 공간 안에 다양한 장치를 사용하셨는데요. 기획하시면서 가장 애착이 갔던 공간 혹은 표현 장치가 있을까요?

———

앞서 이야기했던 코오롱스포츠의 '숏숏리버스 제주' 매장이 기억에 남아요. 아웃도어 브랜드에 환경은 필수 불가결한 요소인데, 이 매장을 설계할 때 자연과의 공존을 제안하고 이를 느낄 수 있는 콘텐츠로 가득 채웠어요. 환경에 대한 실천을 표현하는 방식이었죠. 지속가능성을 추구하기 위해 매장의 마감재를 최소화하고 건물 자체 구조를 그대로 사용했어요. 테이블과 선반, 의자 같은 집기류는 제주도에서 수거한 해양 폐기물을 활용해 제작했고요.

1층에선 코오롱스포츠의 재고를 업사이클링하는 리버스 상품을 선보이고, 2층에는 래코드를 배치했어요. 옷의 생애주기를 늘리기 위한 '고쳐 입기'를 제안하며 와펜 부착 같은 가벼운 리폼뿐 아니라 고객이 직접 참여하는 업사이클링 워크숍도 진행하고 있어요. 이를 통해 환경을 지켜가는 게 어렵지 않다는 것을 보여주고 싶습니다.

좋은 옷의 수명을 연장해 새로운 가치를 불어넣는 솟솟리버스 제주.

이곳을 방문한 사람들을 보면서 '이 전시를 기획하길 잘했다'라
고 느낀 순간이 있으신지요?
———

코오롱스포츠 고객이 아니더라도 환경을 지키는 일에 관심
있는 다양한 연령층의 고객들이 쉽게 매장에 들어와서 하나의
라이프스타일로 연대해 지구를 위한 고민을 함께할 때 보람을
느낍니다.

코오롱FnC에서 일한다는 것

지금 이 자리에 오시기까지 부사장님이 걸어오신 길이 궁금합니다.
———

저는 디자이너로 사회생활을 시작했어요. 아동복, 남성복, 유니섹스 캐주얼, 스포츠웨어 등 다양한 의류 분야를 경험했죠. 국내 브랜드는 물론 일본, 미국, 이탈리아의 라이선스 브랜드를 국내에 론칭했고, 새로운 것을 창조하기보다는 각 브랜드의 아이덴티티를 살려 한국 시장에 맞는 전략을 세웠어요. 그 과정에서 많은 것들을 배웠는데요. 일례로 일본의 인터메조 브랜드를 국내에 알리면서 머천다이징을 배울 수 있었어요. 디자이너의 한계를 넘어설 수 있었던 배움 중 하나였지요.

디자이너로 시작해 디렉터, 사업부장, 총괄본부장, 부사장까지 오는데 개인적인 욕심도 있었지만 디자인이 고객에게 닿기까지의 여러 과정들을 컨트롤하고 싶다는 생각이 더 컸어요. 론칭부터 성장까지 브랜딩 전반을 경험하고 실행해볼 수 있었던 게 지금의 저를 만든 강점이라고 봐요. 디자이너부터 디렉터, 사업부장 등 여러 영역을 섭렵하며 다양한 분야에 관심을 갖고 패션 시장을 읽으려고 노력했지요.

부사장님은 어떤 리더이신가요? 조직에서 바라는 좋은 리더가 되기 위해서 꼭 지키고자 하는 원칙이나 기준이 있으신지요?

——

후배들은 저를 디자이너로서의 감성뿐 아니라 시장분석, 탐구, 전략적인 기획, 영업적인 마인드까지 갖춘 패션계의 '올라운더all-rounder'라고 표현하더군요. 저 자신을 돌아보면 지금 현재에 만족하지 않고 그 너머의 세상을 제시하는 리더, 실천하는 리더라고 표현할 수 있을 것 같아요. 직원들에게 꾸준히 요구하는 부분은 실패할 수도 있지만 지금 현재의 업무 영역에 만족하지 않고 끊임없이 도전하고 새로운 기회를 만들어내야 한다는 것입니다. 저 스스로도 이를 실천하면서 증명해 보이고 있습니다.

부사장님은 빠르게 변화하는 트렌드를 어떻게 받아들이시나요? 누구보다 많은 인풋이 필요하실 것 같아요.

——

저는 요즘 인풋에 대해서는 이제 선을 그을 때가 되었다고 생각해요. 제가 어디까지 수용해야 할지 인정하고, 이를 통해 스스로를 브랜딩해야죠. 그래야 제가 담당하는 브랜드의 브랜딩도 할 수 있을 것 같아요. 모든 것을 담으려고 하다 보면 오히려 브랜드의 색이 없어진다고 생각합니다. 일부러 차단하는 것도 필요합니다. 저도 처음에는 인풋을 많이 받으려고 했어요. 시장조사도 업계를 넘어서 다양하게 했고요. 지금은 그때 만들어둔 머릿속 자료실에서 필요한 것을 꺼내 쓰고 있지요. (웃음) 어떻게 보면 제가 가진 인풋은 현재형이라기보다는 과거형이지만, 홍수처럼 쏟아지는 새로운 정보도 자기화하지 않으면 결국 무용지물일 뿐이에요. 자신만의 선을 긋는다는 관점에서 저는 요즘 친구들이 각자의 다양성을 추구하는 것이 참 좋아 보여요.

부사장님은 어떤 브랜드를 가장 좋아하시나요?
——

디자이너라면 누구나 좋아하는 브랜드인 마르지엘라를 좋아해요. '한결같음', '꾸준함', 그리고 '초심'이라는 키워드를 지켜가는 모습에 존경심을 갖게 돼요. 이 일을 하면 할수록 어려운 일이구나 깨닫게 돼요. 둘러보면 잘하는 친구들이 너무 많지요. 요즘에는 '지용킴JiyongKim'이라는 우리나라 브랜드를 좋아해요. 도쿄의 도버 스트릿 마켓Dover Street Market 등 하이엔드 편집숍에도 들어가 있는 브랜드인데, 햇빛에 원단을 산화시키는 친환경적인 아이디어가 돋보여요. 브랜드가 출발할 때부터 일찌감치 개인적으로도 눈여겨보며 래코드와의 협업도 진행했는데, 해외 유명 편집숍을 방문했을 때 매니저가 지용킴을 저에게 소개해주는 재미있는 일도 있었답니다. 이렇듯 우리나라 디자이너들이 전 세계적으로 인정을 받고 있는데 역설적으로 국내에서는 설 자리가 없어지는 게 개인적으로 마음이 아파요. 어렸을 때 팝을 들으면서 자랐는데, 지금처럼 K-팝이 전 세계를 휩쓸지 누가 알았겠어요? 패션도 마찬가지예요.

2023년 4월 밀라노 디자인 위크에서 래코드는 '리;콜렉티브 : 밀라노Re;Collective : Milano' 전시를 진행했는데, 여기서도 브랜드의 매력을 전 세계에 보여준 사례가 있었어요. DIY 키링 제작을 체험하는 리테이블을 기획했는데, 이탈리아 관계자들이 디자인 위크 기간에 전시를 볼 시간도 없는데 누가 앉아서 그런 걸 하겠냐고 반대하더라고요. 결과가 어땠을까요? 전시장 앞에 사람들이 줄을 섰어요. 국내에 보도되지는 않았지만, '업사이클'의 테마로 '서스테이너빌리티' 부문에서 수상하기도 했죠. 물론 모든 시도가 좋은 결과로 이어질 수는 없겠지만 이러한 시도를 두려워하지 말라고 후배들에게 말해주고 싶어요.

'한경애'라는 브랜드는 어떤 브랜드인가요?

———

저는 자연을 수용하는 사람입니다. 저의 멘토는 비트라 디자인 미술관의 공동 설립자로 20여 년 동안 관장을 맡기도 한 알렉산더 폰 페게작이에요. 프랑스에서 열린 부아부셰 디자인

건축 워크숍을 주관하면서 래코드를 현지에 초청한 것이 인연이 되었지요. 혁신을 위한 아이디어는 대부분 자연에서 온다고 생각하는 그는 도시에서 멀리 떨어져 있는 시골 마을 부아부셰에서 워크숍 참가자들이 영감을 얻고 아이디어를 떠올릴 수 있게 해주었어요. "고민의 해답은 자연에서 찾아야 한다"는 폐게작의 말을 진심으로 실감하고 있습니다.

제품부터 마케팅까지
일관된 신뢰를 얻다

이승오   네스프레소 코리아 본부장

"브랜드 전략 혹은 구매 경험도 중요하지만 결국 고객과 직접 만나는 제품에서 모든 게 결정된다고 생각합니다. 모든 것을 다 잘해도 결국 커피를 마실 때 내가 기대한 맛이 아니라면 고객이 영원히 구매하지 않을 수 있기 때문이죠. 최상의 커피 맛을 통해 잊지 못할 순간을 선사하고자 노력하고 있습니다."

이승오 본부장은 유니레버를 시작으로 도브, 립톤, 삼성전자 등 다양한 글로벌 브랜드를 담당하며 글로벌 브랜드 전략, 마케팅 커뮤니케이션을 이끌어온 18년 차 마케터다. 삼성전자에서는 비스포크를 맡아 브랜드 팬덤을 만들며 국내외 글로벌 가전 시장에 큰 화두를 던졌고, 현재는 네스프레소 코리아로 옮겨와 글로벌과 로컬을 잇는 경험을 만들고 있다. 글로벌과 로컬 시장을 다 경험해본, 하이브리드 마케터로 브랜드와 소비자를 연결하고, 더불어 조직의 관점에서는 팀원들이 겪는 문제를 극복할 수 있도록 돕는 가교 역할을 하고 있다.

오늘의
네스프레소

네스프레소는 어떤 브랜드인가요?

네스프레소는 네슬레의 산하 사업 부문으로 전 세계적으로 1만 4,000명 정도의 직원이 근무하고 있어요. 많은 분들이 커피머신을 통해 네스프레소를 먼저 만나지만, 네스프레소는 커피 브랜드입니다. 커피머신은 커피를 가장 맛있게 추출할 수 있는 방법 중 하나일 뿐이지요. 네스프레소는 커피의 수확부터 캡슐 제품으로 만드는 과정까지 모든 것을 세심하게 관리하는 데 가장 많은 자원을 집중하고 있습니다. 올바른 방법으로 최상의 맛을 지닌 커피를 만들기 위해 어떤 것에도 타협하지 않는 다양한 노력들을 하고 있어요.

현재 네스프레소 코리아가 가장 관심을 기울이고 있는 영역은 어떤 것인가요?

어떻게 하면 고객들에게 최상의 고객 경험을 선사할 수 있을지 항상 고민하고 있습니다. 고객 경험은 정말 총체적인 것이라서 광고 하나 잘한다고 되는 일이 아니거든요. 고객이 커피를 원하는 그 시점부터 시작해 네스프레소를 검색하는 경험, 부티크를 방문해서 커피 스페셜리스트와 대화를 나누는 경험, 네스프레소 커피 클래스에서의 경험, 그리고 제품을 배송받고 열어보는 경험, 가장 중요하게는 집에서 커피를 마시는 경험까지 고객 경험을 우리 브랜드의 기준에 맞춰 어떻게 지속적으로 개선해 나갈 것인가, 그렇게 결국 잊지 못할 커피 경험을 어떻게 제공할 것인가가 가장 관심을 기울이고 있는 영역입니다.

커피 한 잔이 소비자에게 닿기까지는 수많은 단계를 거쳐야 합니다. 그 모든 과정에 세세히 관여한다는 건 결코 쉬운 일이 아닐 것 같습니다. 이 과정에서 특별히 신경 쓰고 있는 부분은 무엇인가요?

———

네스프레소에는 AAA 지속가능한 품질™ 프로그램Nespresso AAA Sustainability Quality™ Program이 있습니다. 커피, 사탕수수 등 많은 작물이 선물시장에서 거래가 이루어지면서 그 작물이 정확히 어디에서 왔는지 모르는 일이 다반사인데, 네스프레소는 전 세계 18개국에서 15만 명 이상의 커피 농부들과 직접 협력하고 있어요. 이를 통해 최상 품질의 커피를 지속적으로 공급받고 농부들과 지역 주민들의 삶을 개선함으로써 커피 수확량과 커피 품질 개선을 돕고 있습니다. 비용 등 여러 가지 측면에서 가장 효율적인 방식은 아닐 수 있지만, 네스프레소가 중요하게 생각하는 품질과 지속가능성의 가치를 지키기 위한 가장 좋은 방식이라 자부합니다. 이러한 다양한 노력들이 높은 사회적, 환경적 책임과 투명성을 인정받으면서 2022년 비콥 BCorp™(기업 이익과 사회적 책임을 균형 있게 추구하는 기업에 부여) 인증을 획득했습니다. 네스프레소는 비콥 인증을 받은 기업들 중 가장 규모가 큰 축에 속합니다.

네스프레소,
지속가능성으로 설명하다

농부들의 삶을 개선하는 것 등 생각보다 더 다양하고 넓은 영역에서 네스프레소는 지속가능성을 실현하고 있네요.

네스프레소가 캡슐을 재활용한다는 것은 외부적으로 잘 알려져 있는데요. 이뿐 아니라 지속가능성과 연결된 다양한 프로그램을 진행하고 있어요. 커피를 재배하는 재생 농업, 생물다양성 보존, 기후변화 대응 등 넓은 영역을 아우르고 있죠. 한 예로 2013년 7월 공식 발표한 '리바이빙 오리진Reviving Origins' 프로그램은 네스프레소의 오랜 앰배서더인 조지 클루니와 함께 시작한 이래 지금까지 이어지고 있습니다. 기후변화 또는 내전 등으로 농부가 커피 농사를 지을 수 없는 상황에서도 커피가 사라지지 않도록 네스프레소가 직접 개입해서 재정적으로 보호하기도 하고요. 커피를 더 잘 기를 수 있도록 교육하기도 합니다. 이밖에 가족들이 정상적인 생활을 영위할 수 있도록 자녀들의 학교, 방과후 프로그램을 지원하는 등 커피 종자를 살려내기 위해 다방면으로 힘쓰고 있어요. 네스프레소가 지향하는 가치를 고객이 알 수 있도록 그 의미를 계속 찾아내고 알리는 노력을 하고 있습니다.

사실 이러한 활동들은 브랜드의 수익과는 직접적인 연관이 없어 보이는데요. 네스프레소가 지속가능성을 실천하고 있는 원동력이 무엇인지 궁금합니다. 네스프레소가 생각하는 '지속가능성'은 어떤 의미인가요?

——

네스프레소가 지속가능성을 실천하고 추구하는 이유는 명확하고 단순합니다. 네스프레소와 직접적으로 관련된 구성원들, 즉 네스프레소와 고객, 그리고 제품을 공급하는 공급자가 모두 지속가능한 혜택을 누릴 수 있게 하기 위해서입니다. 브랜드의 활동을 통해 네스프레소는 최종적으로 고객들의 신뢰와 사랑을 얻고, 고객은 좋은 품질의 커피를 경험하고, 농부들은 좋은 커피를 공급하며 공정한 수익을 얻는 것이지요. 네스프레소라는 브랜드를 통해 좋은 커피에 대한 정당한 대가와 안정성, 그리고 가치와 품질을 동시에 확보하고 있습니다. 이러한 긍정적인 사이클을 통해 네스프레소의 지속가능성을 전달하고 있지요.

네스프레소는 최근 배우 김고은을 한국 앰배서더로 선정하며 광고를 공개했습니다. 네스프레소의 얼굴이라고 할 수 있는 글로벌 앰배서더 조지 클루니와 최근 주목받는 할리우드 스타 줄리아 가너도 함께한 점이 인상 깊은데요. 어떤 기준으로 앰배서더를 선정하는지, 네스프레소가 지향하는 지속가능성의 가치와 연관이 있는지 궁금합니다.

———

한국 소비자들의 커피 취향이 다양해지고 깊이 있는 경험을 추구하면서 한국 시장은 세계적으로 주목받고 있어요. 그런 측면에서 네스프레소는 한국 소비자들에게 어떻게 더 다가갈 수 있을지 고민한 결과, 배우 김고은을 한국 앰배서더로 선정하게 되었어요. 앰배서더를 선정할 때는 장기적으로 우리 브랜드와 어울릴지 살펴보는데요. 크게 세 가지 이유에 주목했습니다.

첫 번째, 네스프레소가 커피의 질에 있어서는 타협하지 않는 것처럼 자신의 영역에 한계를 두지 않으면서 연기라는 본질에 가장 집중하는 배우라는 점을 가장 우선적으로 봤습니다. 영화감독이나 시나리오 작가들이 "배우 김고은의 연기력에 대해서는 논쟁 자체가 없다"라고 말하는데요. 그만큼 어떤 장르에서도 뛰어난 캐릭터 소화력을 바탕으로 기대 이상의 연기력을 보여주는 믿고 보는 배우라고 생각합니다.

두 번째, 극중에서 다양한 캐릭터를 소화해내면서 관객들이 완벽히 녹아들게 하는 매력에 주목했습니다. 네스프레소에는 90여 종의 커피 캡슐이 있는데, 이 커피들은 각각 캐릭터를 가지고 있어요. 캡슐마다 추출 시간, 온도, 회전 속도 등을 최적화해 그 캐릭터를 완성하도록, 즉 최고의 맛을 내도록 하고 있습니다. 김고은 배우도 때로는 천진난만하게, 때로는 날카롭게 또 영화 〈파묘〉에서는 가슴 서늘한 연기를 펼치며 자신만의 방식으로 캐릭터를 소화해내는데요. 이런 부분이 네스프레소와 잘 맞닿아 있다고 생각했습니다.

마지막으로 개인의 삶에서도 김고은 배우는 2019년부터 자원 순환 홍보대사를 맡아왔고 자발적으로 노 플라스틱 챌린지, 에코 다이버 등으로 다양한 활동을 해왔습니다. 이처럼 네스프레소가 가장 중요하게 생각하는 지속가능성의 가치를 공유하고 있다고 생각했기에 주저 없이 그녀를 한국 앰배서더로 선정할 수 있었습니다.

비슷한 맥락으로 미국의 영화배우 조지 클루니는 네스프레소와 10년 넘게 인연을 이어오고 있습니다. 브랜드 앰배서더를 넘어, 네스프레소 지속가능성 경영 자문위원회 위원Nespresso Sustainability Advisory Board으로 활동하고 있지요. 브랜드 앰배서더에서 한 발 더 나아가 네스프레소의 지속가능성, 그리고 실제 사업에 있어 중요한 한 축이 되는 역할을 담당하고 있습니다. 네스프레소는 조지 클루니와의 오랜 관계를 매우 자랑스럽게 생각합니다. 네스프레소의 '왓 엘스What else?'라는 브랜드 자산을 만들었고, 이제는 네스프레소의 브랜드 코어에도 영향을 끼치고 있어요.

브랜드가 지키고자 하는 것과 변화하고자 하는 것

네스프레소는 커피의 품질에 특히 신경을 쓰고 있는 것으로 알고 있습니다. 네스프레소가 제품을 통해 전달하고 싶은 메시지나 경험은 무엇일까요?

마케팅에 있어서 브랜드 전략 혹은 구매 경험도 중요하지만 결국 고객과 직접 만나는 제품에서 모든 게 결정된다고 생각합니다. 모든 것을 다 잘해도 커피를 마실 때 내가 기대한 맛이 아니라면 MOT Moment Of Truth(고객이 회사의 이미지를 결정하는 아주 짧은 진실의 순간)가 깨지면서 영원히 구매하지 않을 수도 있기 때문이죠. 그래서 최상의 커피 맛을 통해 잊지 못할 순간을 고객에게 선사하고자 노력하고 있습니다. 내부 커피 전문가와 외부 전문가의 협업을 통해서 지속적으로 맛을 유지할 수 있도록 한다거나 가뭄 등 기후변화에 따라 커피 맛이 바뀌지 않도록 환경을 지키는 등 여러 방면에서 말이죠.

한국 소비자들은 특히 커피를 양적으로 많이 소비하기도 하지만, 질적으로도 매우 높은 수준을 지니고 있습니다. 스페셜티 커피와 에스프레소 바의 성공을 봐도 짐작되는 부분인데요. 이에 발맞춰 네스프레소는 각 커피가 가진 스토리를 명확하게 뽑아 소개하고, 이를 통해 한 번도 경험해보지 않은 커피를 시도해볼 수 있는 프로그램을 마련하기도 합니다. 네스프레소 공식 홈페이지와 소셜 채널 등을 통해 '커피 오브 더 먼스 Coffee of the Month'라는 이름으로 한 달에 한 번 다양한 커피 프로파일과 그것을 즐기는 각종 레시피를 소개하고 있습니다. 그동안 몰랐던 커피의 풍부하고 다양한 맛을 알 수 있도록 즐거운 경험을 제공하는 것이 우리의 역할이자 목표입니다.

코로나 19 때 커피 시장에도 큰 변화가 있었습니다. 특히 캡슐 커피머신에 집중한 네스프레소에는 남다른 전환의 시기가 되었을 것이라고 생각됩니다. 코로나 19의 전후로 네스프레소 브랜드가 느끼는 내외부의 변화는 무엇인가요? 그에 따라 현재 네스프레소 코리아가 집중해서 커뮤니케이션하고 있는 부분은 어떤 것일까요?

———

코로나 19와 함께 '홈 카페'라는 키워드가 떠오른 뒤 커피 시장이 폭발적으로 성장하다가 이제는 라이프스타일로 자리 잡았다고 생각합니다. 누구나 커피머신 하나만 있으면 나만의 공간에서 쉽게 홈 카페를 만들 수 있게 되었지요. 동시에 사람들의 커피 취향이 더욱 다양해지는 계기가 되었다고 생각합니다. 인스타그램에 '나만의 커피', '인생 커피' 같은 해시태그가 많아졌고 스페셜티 커피를 찾는 사람들이 많아졌어요. 내가 좋아하는 것에 투자를 아끼지 않으면서 때로는 가장 합리적인 소비를 추구하는 최근 소비 문화가 커피에도 반영된 것이죠. 이런 시장에서 네스프레소가 가장 집중하고 있는 것은 커피에 대한 사람들의 태도나 선택 기준이 '자신에게 가장 좋은 것'으로 변하고 있다는 점입니다. 네스프레소는 다양한 캡슐커피를 통해 이 과정을 함께하고 있습니다.

이러한 사례로 2023년 3월 론칭한 버츄오 팝 커피머신 캠페인을 이야기할 수 있습니다. '코드가 통하는 커피'가 론칭 캠페인의 키key 카피였어요. 버츄오 커피 캡슐 뒷면을 보면 바코드가 찍혀 있어요. 그 바코드에 최적의 온도, 프리웨팅prewetting 시간, 캡슐 회전 속도 등 최고의 커피를 추출할 수 있는 모든 정보가 담겨 있어서 커피 초보자도 바리스타가 내려주는 것 같은 양질의 커피를 즐길 수 있습니다. 이를 통해 다양한 커피 취향을 만족시키고, 취향에 맞는 라이스프타일을 제공한다는 중의적 의미를 담고 있어요. 을지로 칵테일 바 신도시에 '바-코드Bar-Code'라는 팝업스토어 공간을 열어 버츄오 커피와 어울리는 코드의 LP 셀렉션을 선보이기도 했고요. 코드가 맞는 사람들끼리 모여 지성과 즐거움을 나누는 커뮤니티 트레바리에서 커피 경험을 나누기도 했습니다.

네스프레소가 좀 더 신경 써서 커뮤니케이션하고 싶은 부분이 있을까요?

네스프레소를 커피머신 회사로 인식하고 있는 분들이 여전히 많습니다. 캡슐커피의 경우, 겉포장의 여러 가지 색상에 주목하지 안에 들어 있는 커피에 대해서는 잘 모르는 것 같아요. 이를 타개하기 위해 2024년 3월부터 '더블 에스프레소 바' 팝업스토어를 통해 네스프레소 더블 에스프레소 캡슐 하나면,

감각적인 디자인과 콤팩트한 사이즈의 버츄오 팝.
캡슐 고유의 바코드 인식을 통해
집에서 최적의 커피를 경험하도록 돕는다.

한국 소비자들이 가장 좋아하는 아메리카노와 라떼를 따뜻하게 혹은 시원하게 기호에 맞추어 다양한 커피 레시피를 정말 맛있고도 간편하게 즐길 수 있다는 것을 알리는 캠페인을 진행했습니다. 의도적으로 에스프레소 바의 분위기를 구현하고 스페셜티 카페에서만 경험할 수 있는 커피 오마카세를 제공했습니다. 한 달 동안 거의 3만 명의 고객들이 찾아 네스프레소 커피가 정말 맛있다는 것을 온몸으로 체험했어요. 우리 브랜드의 본질을 알리는 의미 있는 시도였다고 생각합니다.

네스프레소와 고객의 지속가능한 관계를 만드는 법

고객과의 접점을 만들어오면서 글로벌 브랜드로서 겪은 어려움이 있었을까요? 글로벌 브랜드가 우리나라에서 브랜드 활동을 할 때 고려해야 할 부분은 무엇일까요?

─────

비즈니스 초기에는 글로벌 브랜드라는 프리미엄 이미지가 큰 도움이 되었던 게 사실입니다. 그러나 한국 고객들에게 사랑받고 의미 있는 브랜드가 되려면 한국에 딱 맞는 솔루션을 제공할 수 있어야 한다고 생각했어요. 이를 위해 본사와 많은 협의를 거쳤어요. 본사 역시 중요한 커피 시장이자 전 세계에 큰 영향을 미치고 있는 한국 시장의 가능성을 높이 보고 있습니다. 글로벌 브랜드의 이점을 잘 활용하되, 한국 소비자의 개성을 잘 이해하고 해석해내는 전략적 시각이 그 어느 때보다 필요하다고 생각합니다.

국가마다 고객의 특성이 다를 텐데요. 한국 소비자에게서만 보이는 특징이 있을까요?

———

한국처럼 재활용에 진심인 국가는 없어요. 그래서인지 네스프레소 코리아의 알루미늄 캡슐 재활용률은 전 세계에서 가장 높은 편에 속합니다. 네스프레소 캡슐을 구매하면 특수 제작된 재활용 봉투를 함께 제공해 캡슐 재활용을 유도하고 있어요. 이 봉투를 꽉 채워서 백화점 부티크 매장으로 가져오는 고객들을 보면 정말 의식 수준이 높다는 생각이 들어요.

고객에게 친근하게 접근하기 위한 네스프레소만의 방식이 있을까요?

———

많은 고객들이 캡슐 재활용에 참여하고 있지만, 알루미늄 캡슐이 재활용 가능하다는 것을 모르는 고객들도 있습니다.

다 쓴 캡슐을 재활용하는 네스프레소만의 프로그램.

'새가버치' 프로젝트를 통해 키링으로 태어난 커피 캡슐.

이를 더 널리 알리기 위해서 2023년 9월 6일 자원 순환의 날을 기념해 카카오메이커스와 함께 '새가버치 프로젝트'를 진행했 어요. '새가버치'는 말 그대로 버려지는 물건에 새 값어치를 만 들어주자는 프로젝트입니다. 캡슐커피 시장의 리더인 네스프 레소가 모든 배송 비용을 부담하고 어떤 브랜드의 캡슐이든 다 받아 재활용 과정을 거쳐 알루미늄으로 새롭게 활용할 수 있는 아이템을 만드는 프로젝트였습니다. 총 3만 6,000명의 고 객들이 참여해 32톤의 알루미늄을 모아 귀여운 라이언과 춘식 이 캐릭터 키링을 만들어 판매했어요. 그 판매 수익금과 지난 1년간 커피 클래스에 고객들이 낸 예약금을 더해서 비콥 기업 인 트리플래닛에 기부했습니다.

네스프레소 코리아에서 일한다는 것

본부장님의 경력을 보면 특히 글로벌 브랜드를 많이 담당하셨어요. 로컬과 글로벌의 경험을 모두 가진 마케터가 되기까지 어떤 과정을 거치셨는지 궁금합니다.
———

능력 있는 마케터가 되고 싶다는 생각으로 마케팅 사관학교라 불리는 유니레버에서 사회생활을 시작했습니다. 제 밝은 성격과 너무나도 잘 어울리는 립톤 브랜드 커뮤니케이션 업무로 시작해 2년 동안 신나게 일할 수 있었어요. 이후 도브 브랜드의 트레이드 마케팅으로 옮기면서 영업부서와의 협업, 바이어와의 미팅을 통해 브랜드와 비즈니스를 동시에 끌어가는 안목을 기를 수 있었습니다. 그러다가 한국보다 훨씬 큰 중국 시장에 프로젝트를 위해 6개월간 다녀왔는데, 오퍼레이션의 깊이와 속도에 놀랐습니다. 한국에서 볼 수 없었던 유니레버라는 회사의 스케일을 체감하고 큰 자신감을 얻기도 했지요. 다시 돌아와 브랜드 매니저로서 처음 팀장 역할을 맡아 좌충우돌했지만, 고마운 팀원들 덕분에 3명이 한국 도브스킨 비즈니스를 끌어가는 귀한 경험을 할 수 있었습니다.

그러다가 문득 한국에만 있으면 마케팅의 끝단만 보겠구나 하는 생각이 들어 브랜드 전략과 제품 기획이 이뤄지는 첫 단추를 꿰는 일을 배우고 싶다는 열망을 가지고 영국 본사로 갔습니다. 이상은 높았는데 현실은 쉽지 않더라고요. (웃음) 13명이 있는 도브스킨 글로벌팀에서 유일한 남자이자 유일한 아시아인으로, 문화와 언어장벽을 뚫고 프로젝트를 추진하는 데 많은 어려움을 겪었습니다. 1년 반이라는 시간을 보내면서 아시아 시장에 대한 분석을 바탕으로 글로벌 전략 및 크리에이티브에 어느 정도 기여했다고 자부합니다.

한국으로 돌아와 삼성전자 가전사업부 글로벌 마케팅팀에 합류했어요. 다양한 가전제품을 아우를 수 있는 브랜드 전략을 개발하고 이를 광고에 적용하는 두 가지 일에 주력했습니다. 삼성에서의 마지막 3년은 비스포크라는 서브 브랜드를 키워 나가는 멋진 경험을 할 수 있는 시간이었습니다. 그러다가 제 영향력의 원을 더 키울 수 있는 네스프레소 마케팅팀에서 일할 기회가 와서 기쁜 마음으로 합류했습니다. 1년 반이 되어가는 지금, 너무 감사하고 행복합니다. 네스프레소는 지속가능성에도 진심이라 자녀들에게도 자랑스러운 브랜드인데요. 이렇게 팬이 많은 멋진 브랜드를 놀라운 팀원들과 함께 키워나갈 수 있는 기회가 주어졌으니, 너무 감사하고 더 잘하고 싶어요.

글로벌 브랜드를 담당하며 특별히 기억에 남는 프로젝트가 있으신가요? 일하다가 문제에 부딪힐 때는 어떻게 해결하시는지 궁금합니다.

———

유니레버 영국 본사에서 도브 스킨케어 광고를 제작했던 프로젝트가 생각나네요. 일본 시장의 25~35세 여성 고객을 목표로 한 프로젝트였어요. 크리에이티브 에이전시의 영국인 남성 크리에이티브 디렉터와 함께 몇 날 며칠 고민해서 만든 광고 스토리보드를 일본 소비자들에게 실제로 보여주는 FGIFocus Group Interview를 할 때였습니다. 바로 옆 미팅룸에서 고객들이 하는 말을 듣고 있는데, 한 분이 "이건 정말이지 남자, 그중에서도 외국인 남자가 기획할 법한 크리에이티브네요. 나라는 고객을 하나도 이해하지 못하고 있어요"라고 하는 겁니다. 그 순간 정말 쥐구멍에 들어가고 싶었어요. 처절한 실패였지요. 브랜드가 하고 싶은 이야기를 고객들의 의견에 마구 섞어 섞어찌개가 된 광고는 고객들도 한눈에 알아보더라고요. 이후로 광고 캠페인을 만들 때는 '아무리 하고 싶은 말이 많더라도 철저하게 고객의 시각에서 시작하자', '싱글 마인디드 메시지single minded message를 이길 수 있는 것은 없다' 같은 원칙을 세웠습니다. 그렇게 하고 난 뒤에 광고 개발 성공률이 그리 나쁘지 않더라고요. 역시 처절한 실패가 있어야 배움이 있는 것 같아요.

본부장님은 어떤 리더이신가요? 좋은 리더가 되기 위해 꼭 지키고자 하는 원칙이나 기준이 있으신지요?

———

결국 리더는 결정하는 사람이자 책임지는 사람이라고 생각해요. 코칭과 티칭 등 다양한 방식으로 팀원들의 퍼포먼스를 최고로 이끌어낼 수 있어야 하죠. 제 업무의 50%는 마케터로서 브랜드 및 비즈니스 성과에 기여하는 것이고, 나머지 50%는 최고의 성과를 내는 팀을 구축하고 지속적으로 이끌어가는 것입니다. 개인적으로 팀원들이 브랜드의 방향성과 목적에 기여하면서도 일 자체를 즐겁게 할 수 있는 분위기를 만들기 위해 노력하고 있습니다. 그중 하나 소개하고 싶은 것이 '아기 새 프로젝트'입니다.

외국계 회사인 네스프레소는 이직이 적지 않고, 조직도 빠르게 성장하는 편입니다. 작년에는 팀원 중 3~4명이 거의 한 달 사이에 들어온 적도 있습니다. 업무야 팀별로 잘 가르쳐주겠지만, 업무만 중요한 게 아니잖아요. 업무 외적인 부분, 예를 들어 근태나 비용 처리 등 누구에게 물어보기 어려운 문제를 해결하고 다른 팀과 자연스러운 유대를 쌓기 위해 이 프로젝트를 기획했습니다. 먼저 '어미 새'를 신중하게 골랐습니다. 우리

팀에서 꽤 오래 근무했고, 따뜻함이 흘러 넘치는 한 분에게 '어미 새'를 부탁드렸고 흔쾌히 수락했습니다. 타운홀 미팅에서 어미 새 수여식을 갖고 이를 공식화하면서 어미 새가 네 분의 아기 새를 돌보는 프로그램을 론칭했습니다. 이렇게 판을 깔자 이분들이 알아서 팀 내에서 일타강사를 섭외하고 필요하면 회식도 하는 등 신나게 프로그램이 돌아갔습니다. 아기새 1기를 수료하신 한 분이 이젠 어엿한 어미새가 되어 다시 아기새 2기를 보살피게 되었답니다. 이런 것이 바로 선순환 아닐까요? 이런 저희 팀이 저는 너무 자랑스럽습니다.

많은 브랜드를 담당하시면서 그만큼 브랜드를 바라보는 스펙트럼이 넓어졌을 것 같은데요. 최근 눈여겨보고 있는 브랜드가 있으신가요?

———

개인적으로 브랜드 목적에 관심이 많습니다. 이에 맞게 고객과 지속적으로 소통하고 연결하는 것은 참 어려운 일인데요. 그 부분에서는 도브가 예전이나 지금이나 잘하고 있다는 생각이 듭니다. 도브는 모든 여성이 자신의 모습을 있는 그대로 사랑하게 만든다는 목적으로 매년 성공적인 캠페인을 진행해왔는데요.

2023년 '#턴 유어 백Turn Your Back' 캠페인을 통해 이 메시지를 강하게 전달했어요. 소셜미디어로 인해 생긴 아름다움에 대한 고정관념을 깨뜨리기 위해 특히 청소년들을 타깃으로 커뮤니케이션했는데요. 내 얼굴보다 더 예뻐 보이게, 더 매력적으로 만들어주는 틱톡의 AI 필터가 얼굴을 인식하지 못하도록 등을 돌리라는 메시지를 전달했죠. 많은 인플루언서가 동참하면서 세계 3대 광고제 중 하나인 칸 광고제에서 상을 받기도 했습니다. 도브처럼 크고 역사가 깊은 브랜드가 뉴미디어인 틱톡의 새 필터에 정면으로 맞서 브랜드 목적에 부합하는 커뮤니케이션을 하는 방식이 참 용기 있고 멋지다고 생각합니다.

'이승오'라는 브랜드는 어떤 브랜드인가요?

———

저를 스스로 브랜드로 표현하면 '브리지bridge'라고 생각합니다. 다리의 역할은 크게 두 가지로 나눠볼 수 있습니다. 하나는 연결하는 것이고, 다른 하나는 어려움을 넘어갈 수 있도록 돕는 것이지요. 저는 마케터로서 제가 대표하는 브랜드와 소비자를 연결하고 한국 마케팅 임원으로서 본사와 한국 시장의 비즈니스를 연결하는 역할을 잘 해내야 한다고 생각합니다. 또한 팀 리더로서 팀원들이 겪는 과제나 문제를 잘 극복할 수 있도록 제가 가진 리더십 스킬을 발휘하는 역할도 수행해야 하지요. 단순히 팀원의 문제를 해결해주는 것이 아니라, 티칭이나 코칭을 통해 그 성장의 과정에 함께하고 싶습니다.

네스프레소 브랜드의 목적은 "커피를 예술로 가꾸는 것은 우리 각자에게 최고의 성장을 가져다준다Cultivating coffee as an art to grow the best in each of us"입니다. 여기에 나오는 가꾼다는 말은 커피뿐만 아니라 사람에게도 해당한다고 생각합니다. 모든 사람이 좋은 씨앗을 품고 있으며, 이들이 아름다운 열매를 맺을 수 있도록 옆에서 지원해주는 것이 리더의 역할입니다. 자신도 보지 못한 가능성을 발견해주고 격려해주면서 팀원들이 저라는 브리지를 통해 더 성장하길 기대합니다.

국내 시장만의
독보적인 메시지를 찾아내다

석재우

BMW 코리아 팀장

"브랜딩의 힘은 '직접 체험'을 통해 그 효과를 극대화할 수 있다고 믿습니다. BMW 브랜드가 추구하는 고유의 콘셉트가 적용된 리테일 환경에서 제품을 경험할 수 있는 오감 마케팅을 제공해 BMW 팬을 만들고, 더 나아가 고객으로 모실 수 있는 특별한 경험과 여정을 늘 고민합니다."

BMW 코리아에서만 18년을 재직한 석재우 팀장.
BMW 코리아의 마케팅 커뮤니케이션 매니저이자 ATL 담당자로
시작해 현재 브랜드 본부에서 팀장으로 BMW처럼 역동적이고
새로운 도전들을 하고 있다.

_____

꿋꿋이 도전해온
브랜드 철학

BMW 코리아는 어떤 브랜드인가요?

BMW는 독일 뮌헨에서 항공 엔진으로 시작해 100년이 넘게 이어져온 브랜드예요. 프리미엄 자동차와 모터사이클을 제조하고 판매하고 있습니다. 오래전부터 '지속가능성'이라는 키워드로 우리 브랜드의 철학을 이야기해왔는데요. 사람과 사회적 책임, 그리고 환경을 위한 지속가능한 경영에 대해 고민하고 있어요. BMW가 제조하고 판매하는 제품들을 끝까지 책임지는 것 역시 이 지속가능성에 포함된다고 생각합니다. 각각의 시장을 담당하는 법인이 잘 갖춰져 있기 때문에 해당 사회에 '책임을 지는 기업'을 주요한 키워드이자 경영 방침으로 삼고 있습니다.

BMW 코리아는 이런 철학을 이어받아 1997년 우리나라 수입 자동차 업계 최초의 법인으로 시작해 28년째 수입차 시장을 견인하고 있어요. 그전에는 수입업자를 통해 수입했는데, 이렇게 구조화된 법인 형태로 발전시킨 것은 BMW가 국내 최초입니다.

최근 모빌리티 시장은 큰 지각변동을 겪고 있어요. 현재 BMW
코리아가 관심을 기울이고 있는 영역은 무엇인가요?
———

우리나라에선 여러 자동차 브랜드가 판매량 싸움을 하고
있어요. 경쟁사들이 엎치락뒤치락하고 있는데, 각 브랜드가
중점을 두고 있는 기준이 달라요. 우리나라는 5 시리즈를 포함
한 비즈니스 중형 세단 제품군이 전체 포트폴리오의 49% 정도
를 차지할 정도로 독보적으로 잘 팔리는 시장이에요. 성공의
상징으로 자리 잡은 벤츠의 S클래스에 대항하기 위해 1977년
선보인 고급 플래그십 세그먼트인 7 시리즈도 글로벌 톱 5에
들어갈 정도로 많은 사랑을 받고 있어요. 운전의 즐거움과 제
품의 본질에 충실한 브랜드 철학에 걸맞게 출시되는 모델마다
업계 최초의 첨단기술들을 대거 탑재해, 다른 고급 플래그십
모델들의 벤치마킹 대상이 되고 있습니다.

전동화도 빼놓을 수 없겠죠. 사실 BMW는 순수 전기차 i3
과 플러그인 하이브리드 i8을 시장에 너무 빨리 내놓았다는
이야기를 들을 정도로 '업계 최초', '최고의 혁신', '선구자' 같
은 키워드들로 전 세계 언론매체에서 회자되며 친환경을 향
한 BMW의 고민과 해답을 보여주었습니다. 전기차는 제품 기
술력뿐 아니라 사회적인 인프라가 갖추어져야 하는데요. 당시
에는 어떤 시장에도 전기차를 위한 환경이 구축되지 않았기에

BMW가 앞장서서 막대한 비용을 들여 고객들이 있을 만한 곳에 배터리 충전소를 설치했어요. 2023년에만 308기, 2024년 1분기에만 100기 이상의 충전기를 설치했습니다. 2023년 10월 5 시리즈를 론칭하면서 접점을 늘리겠다고 밝히며 이에 따라 호텔이나 골프장 등 특별한 장소뿐만 아니라 일상에서 고객이 접근할 수 있는 오피스 빌딩, 아파트, 쇼핑몰 등 다양한 곳들에 충전소를 설치하고 있습니다.

분명한 것은 우리는 과감하게 끊임없이 도전하며, 그 경험을 통해 더 나은 다음을 준비해 나가고 있다는 점이에요. 실제로 i3와 i8에서 배운 점을 적용해 2021년 iX 모델을 재탄생시켰습니다.

충전 인프라를 확대하기 위한 '차징 넥스트'의 배경이 궁금합니다. 전기차 활성화를 위한 열쇠가 될 수 있을까요?

———

자료에 따르면 65%의 고객들이 충전 인프라의 부족 때문에 전기차 구매를 꺼린다고 답했습니다. 실제로 최근에 전기차를 구매하는 고객 중 많은 이들이 생활 반경 안의 충전 인프라를 확인하고 전기차 구매를 고려했다고 밝히기도 했습니다.

이에 따라 BMW 코리아는 2022년 'BMW 차징 스테이션'을 론칭하고 이를 더 발전시킨 '차징 넥스트Charging Next'를 발표했습니다. 이를 위해 LG전자, GS에너지와 충전기 개발 및 충전 인프라 공급을 위한 협업을 했고요. 이보다 확장된 버전으로, 충전과 휴식을 함께할 수 있는 신개념 'BMW 허브 차징 스테이션'을 고속도로와 고속화도로에 추가할 예정입니다. '차징 넥스트'를 통해 고객들이 편리하게 사용할 수 있는 충전 인프라를 전국 곳곳에 설치해 전기차 활성화에 기여하려고 합니다.

BMW 코리아는 내외부 이슈에 긍정적으로 잘 대응하는 것 같습니다. 그동안 BMW 코리아가 헤쳐온 과정은 어떠했나요?
———

코로나 19로 전 세계가 사회적 거리Social Distance를 강조할 때, BMW 코리아는 '거리 둔 사회화Distant Socializing'라는 정신으로 디지털과 온라인 채널에서 고객들과 소통을 이어가는 노력을 했습니다. 온라인상의 소통을 시작으로 고객이 제품을 체험할 수 있도록 설계한 시승 프로그램 '조이 드라이브Joy Drive'가 그 대표적인 예입니다. 이 프로그램은 BMW 코리아 인스타그램에서 신청을 받았는데, 매회 참여도가 높아 지금도 지속적으로 운영하고 있습니다.

더불어, BMW 코리아 유튜브 채널의 성장 또한 고무적입니다. 구독자 수 3만 명대에 머물다가 코로나 19 시기부터 공격적으로 성장해 2022년 말 5만 7,000명을 넘어섰고, 2024년 47만

명을 기록하며 골드버튼을 목표로 전진 중이에요. BMW 코리아 채널은 국내 수입차 회사 중 가장 많은 구독자를 보유하고 있는 유튜브 채널로 자리매김했습니다.

리콜 사태에 대한 이야기도 빼놓을 수 없는데요. BMW는 30년 가까운 시간 동안 고객들의 사랑과 선택을 받아왔습니다. 몇 해 전 발생한 리콜 사태는 BMW가 맞은 첫 번째 큰 위기였어요. BMW 코리아와 7개 공식 딜러사들 모두 위기 경영 체제에 돌입해야만 했던 고단한 시기로, 굉장히 많은 러닝 포인트learning point가 있었습니다. 오랜만에 링 위에서 스파링하는 것 같았어요. 덕분에 코로나 19와 함께 찾아온 두 번째 위기에 흔들리지 않을 수 있었습니다. 코로나 19로 인해 사람들이 외부 활동을 하지 않으니 쇼룸에서 고객들을 만날 수 있는 기회가 줄었어요. 이를 극복하기 위해 선제적으로 세스코와 협업해 자동차 업계 최초로 전체 방역을 진행하면서 BMW 코리아 쇼룸이 안전하다는 캠페인을 진행했습니다.

두 번의 위기를 겪어내면서 BMW는 고객을 향한 마음, 즉 '진정성' 있게 고객들과 커뮤니케이션하면서 지속적으로 신뢰를 되찾기 위한 노력을 기울였습니다. 2020년부터 판매량이 증가하고 있는 것을 보면 이 위기들을 잘 극복해냈다는 생각이 듭니다. 2020년 5만 8,000대에서 2023년 7만 7,000대를 넘기며 국내 수입차 브랜드 판매량 1위 자리를 탈환했습니다. 결

론적으로 현재 브랜드 분위기는 '재밌게 힘들다'라고 말씀드릴 수 있겠네요. (웃음)

BMW 코리아는 브랜드 경험을 강화하기 위한 다양한 시도들을 하고 있는 것으로 알고 있습니다. 자동차의 특성상 제품을 직접 경험해보는 것이 무엇보다 강력한 무기가 될 수 있는데요. 이를 확장하기 위해 어떤 노력을 하고 있나요?

——

브랜딩의 힘은 '직접 체험'을 통해 그 효과를 극대화할 수 있습니다. BMW 브랜드가 추구하는 고유한 컨셉이 적용된 환경에서 제품을 경험할 수 있는 오감 마케팅을 통해 BMW 팬을 만들고, 이들에게 특별한 경험을 제공하기 위해 늘 고민하고 있습니다. 그런 의미에서 드라이빙 센터는 중요한 마케팅 툴이자 브랜딩 툴이고 세일즈 툴입니다. 드라이빙 센터의 이용 경험, 그리고 이를 통해 전달하고자 하는 메시지 하나하나에 신경 쓰고 있어요.

BMW 드라이빙 센터는 BMW 그룹이 아시아권 최초로 설립한 '고객 체험형 복합 문화 공간'이라고 설명할 수 있습니다. 이성적·감성적 체험을 통해 고객들이 BMW 브랜드를 더욱 사랑하게 만드는 공간인 동시에 BMW 그룹의 한국 시장을 향한 사랑을 상징하는 장소이죠. 그 사랑에는 고객들의 폭 넓은 체험, 기부 활동, 정부 및 특수 기관을 위한 트레이닝, 건강한 자동차 문화와 커뮤니티를 위한 이벤트, 문화 활동 등 한국 시장을 향한 환산할 수 없는 투자가 모두 포함됩니다. 이런 노력에 화답하듯, 2014년부터 2023년까지 누적 방문객은 146만 명 이상이고, 2023년에만 15만 명의 고객이 찾아주셨어요.

이외에도 매년 'BMW 엑설런스' 팝업스토어 라운지를 운영하고 있습니다. 2024년 다섯 번째 시즌을 맞은 체험형 마케팅 공간으로 1주일에서 길게는 3주일까지 운영됩니다. 팝업스토어 같은 활동은 영구적이지 않고 막대한 비용이 들어가지만, 우리가 전하고 싶은 컨셉 혹은 메시지를 짧은 기간 안에 강하게 전달하기에 효과적입니다. '오감'을 컨셉으로 매해 새로운 주제를 정해 일반 전시장 환경에서 느끼기 어려운 차별화된 감각을 전달하고 있는데요. 2023년에는 먹방 트렌드에 발맞춰 '미각'을 테마로 선정하고 BMW스럽게 트렌디한 액티비티를 준비했습니다. BMW 브랜드가 브랜딩을 하며 고객들과 소통하는 4개의 특정 분야(sportiness, leadership, lifestyle, luxury)가 담긴 액티비티를 'BMW스럽다'고 할 수 있지요. 예를 들어, LPGA BMW 레이디스 챔피언십 같은 골프 스포츠 대회와 칸 국제영화제 후원, 프리즈 서울 후원 같은 예술문화 활동들이 4개의 특정 분야에 부합한다고 볼 수 있습니다.

작년 말부터는 '리테일 넥스트Retail Next'라는 글로벌 프로젝트를 진행하고 있어요. 전시장에 들어오는 순간, 동선부터 달라졌다는 것을 느낄 수 있습니다. 전시 공간 따로 상담 공간 따로 나뉜 일반적인 구조가 아니라 체크인 과정에서 알게 된 방문자의 목적에 맞도록 별도의 동선이 그려집니다. 벽과 기둥, 룸으로 구분되는 쇼룸은 물리적으로 고객의 브랜드 경험 여정을 제약할 뿐더러, BMW 지니어스BMW Genius의 프로덕트와 브랜드 소개, 세일즈 컨설턴트SC와의 구매 상담, 드라이빙 체험, 핸드오버 서비스, 에어포트 서비스, 라이프 스타일숍 등 다양한 서비스를 인지하고 이용하는 데 한계가 있어서 이를 극복하기 위한 시도라고 볼 수 있습니다.

요약해보면, '리테일 넥스트'를 중심으로 한 개편과 혁신을 통해 고객들에게 경계를 넘나드는 경험을 선사하고, BMW 그룹의 다양한 브랜드를 이해할 수 있도록 돕습니다. 궁극적으로는 체험부터 구매, 핸드오버 서비스까지 BMW의 처음과 끝을 효과적으로 선사하고자 새로운 고객 여정을 기획하였어요. 모든 것은 고객에게서 출발하니까요.

BMW가 지속해온 브랜딩은 판매로 직결되기도 하나요? BMW의 브랜딩에 도움이 되었다고 판단하는 기준은 무엇인가요?
———

저희는 우수한 국내 판매량과 디지털 채널의 구독자나 팔

국내 자동차 역사에 이정표가 된
영종도의 BMW 드라이빙 센터.

로어 수로 이를 확인하고 있어요. 국내 판매량은 2023년 기준 국내 수입차 중 1위이며, BMW 그룹사 내에서도 전 세계 5위를 기록하고 있습니다. SNS와 유튜브 등 채널 규모는 국내 수입차 중 1위이고요. 드라이빙 센터, R&D 센터, 미래재단 등 다른 수입차 브랜드들과 다른 행보는 BMW의 지속적인 투자 덕분에 가능했습니다. 뮌헨 본사가 우리나라 시장을 중요하게 본 신뢰가 있었고 BMW 코리아의 CEO가 한국인이라는 것 또한 주요하게 작용했어요. 우리나라 시장에 재투자해야 한다고 지속적으로 설득해오고 있는데, 이런 노력들은 한두 번의 광고로는 만들어질 수 없는 고객들의 인정으로 되돌아왔다고 생각합니다.

글로벌 브랜드 BMW 코리아의 소통 방법

글로벌 브랜드로서 글로벌 가이드와 우리나라 시장과 정서에 맞도록 현지화하는 과정에서 여러 의견을 조율하는 일도 쉽지 않았을 것 같습니다.

─────

과거에 주요 시장은 당연히 유럽과 미국이었어요. 유럽과 미국 시장을 기준으로 모든 캠페인이 구성되었고, 아시아 시장은 그 기준에 따라야 했죠. 하지만 지난 20년간 중국과 아시아 시장이 폭풍 성장하고 우리나라가 규모 면에서 글로벌 순위 5위 안에 들면서 BMW 코리아도 브랜드 카운실 내에서 발언권이 생겼어요. 지금은 광고 및 마케팅 기획부터 글로벌 캠페인 에이전시 브리핑 및 선정 단계에 우리나라를 포함한 5개국이 참여해서 함께 이야기합니다. 물론 전 세계적으로 공용할 수 있는 기획안이 나와야 하기에 우리 목소리가 100% 반영되기는 어렵지만, 적어도 우리에게 발언권이 있고 그 목소리가 반영되고 있다는 건 큰 의미가 있습니다.

차량 판매량에서만 성장을 느끼는 것이 아니라, BMW 글로벌 관계자들도 한국 문화와 예술에 공감하는 모습을 보며 그 위상을 강하게 체감하고 있습니다. 다양한 분야에서 국제적으로 인정받으며 활동하고 있는 K-컬처 영웅들의 덕을 보고 있는 거죠. (웃음) '코리아'라는 브랜드가 강력해졌다는 것을 BMW 마케팅 일을 하면서 많이 느끼고 있습니다.

모빌리티 쇼에 대한 인식도 많이 바뀌었습니다. BMW 코리아는 어떻게 대응하고 있나요?

———

'서울 모빌리티 쇼 2023'에는 사실 많은 글로벌 브랜드가 참

차세대 모빌리티를 향한 100년의 계획을 보여준
서울 모빌리티 쇼 2023에서 BMW의 모습.

여하지는 않았고, BMW 코리아와 벤츠, 포르쉐, 그리고 테슬
라가 처음으로 참여했는데요. 자동차는 이제 교통수단을 넘어
서 모빌리티 개념으로 변화하고 있기 때문에, 자동차 안에서
'이동하는 시간과 그 시간 동안의 생활'이 더욱 중요해졌습니
다. 삶의 모습이 달라지고 기술과 자동차가 더욱 똑똑해지고
있는 만큼, 국제전자제품박람회ces 같은 행사와도 결합하는 등

자동차 산업이 더욱 발전할 수 있는 새로운 길을 모색하고 있습니다.

모빌리티 쇼에서 BMW 코리아는 고객에게 선택권을 주려고 노력했습니다. 한마디로 선택지가 풍부했죠. 전기차 모델들은 물론 수소차까지 선보이며 프리미엄 전동화의 기준을 보여주었어요. 더불어 i7과 XM 두 모델을 통해 럭셔리 플래그십 세그먼트의 오래된 관습이 아닌 새로운 트렌드를 제시했습니다. 2.7톤 무게에도 XM의 제로백(자동차가 정지 상태에서 시속 100킬로미터에 이르는 시간)이 4.3초 정도인 성능이 기술 혁신과 새로운 트렌드를 증명하죠. 요즘 시장에서 회자되는 BMW 대세론을 잘 보여준 모빌리티 쇼라고 생각합니다.

BMW답게 다가가기 위한 대담한 선택

'본 볼드born BOLD' 캠페인을 보면서 BMW 특유의 에너지와 담대함이 느껴졌어요. 이를 통해 브랜드의 어떤 가치를 전달하고 싶으셨나요?

———

BMW 브랜드가 말하는 '강렬함'이 특정 성별에게만 매력적이라는 고정관념을 깨기 위해 이 캠페인을 진행했어요. 중형 세단 시장에서 5 시리즈 판매량이 3~4년 전부터 확연히 뒤처지더라고요. 그래서 CRM 데이터를 꼼꼼히 살펴보니, 여성 운전자들 사이에서 우리 브랜드가 선택받는 수치가 떨어지고 있었어요.

BMW의 아이덴티티는 '주행이 좋은 차', '드라이빙의 본질'에 중점이 놓여 있다 보니 자연스럽게 남성적인 이미지가 입혀졌더라고요. 그래서 우리 브랜드만의 아이덴티티를 다시 고민했고, '내면의 강인함'이라는 키워드로 재해석했습니다. 우리 브랜드를 통해 '여성들이 갖고 있는 내면의 강인함과 질주 본능, 각자만의 색깔을 이끌어내자'는 취지로 각 업계의 영향력 있는 사람들을 뽑아 시즌 1을 만들었어요.

그래서인지 캠페인을 보면 차량이 많이 노출되지 않아요. 등장하는 모델도 단순히 인기 있는 모델보다는 각자의 철학과 스타일로 자신의 인생을 개척해 나간 분들을 다섯 명 선정해 혼자서, 또 같이 시너지를 낼 수 있도록 구성했어요. 한 분 한 분 각자 가지고 있는 '내면의 강인함'에 관한 이야기들을 캠페인의 컨셉에 맞도록 풀어냈습니다.

다른 브랜드와의 콜라보레이션도 잘 활용했습니다. 브랜드를 효과적으로 이야기하기에는 콜라보레이션만한 게 없더라고요. 일부 고급 차량 모델의 기어노브와 헤드라이트에 들어간 스와로브스키의 크리스털이 제품의 세련미를 만들어냈지요. 커뮤니케이션 단계에서도 콜드플레이가 참여한 글로벌 BMW i 광고와 한국 엠비규어스 팀과 협업해 국내 iX 광고를 만든 케이스도 콜라보레이션의 성공 사례로 볼 수 있습니다. 한국타이어와도 광고 영상을 두 번 공동 제작했습니다.

이밖에 삼성동 K-POP 스퀘어 등의 옥외광고가 부활하는 추세에 주목했습니다. 디지털 옥외광고는 별도의 비용이 들지만 이 모든 것이 이야깃거리가 되기에 신제품이 나왔을 때 활용성이 충분하다고 판단했습니다. 이렇듯 글로벌 본사의 가이드를 곧이곧대로 따르기보다는 생활 속에 우리 브랜드가 들어갔을 때 고개가 끄덕여지는지 보고, 그렇지 않다면 과감하게 현지화하기도 합니다.

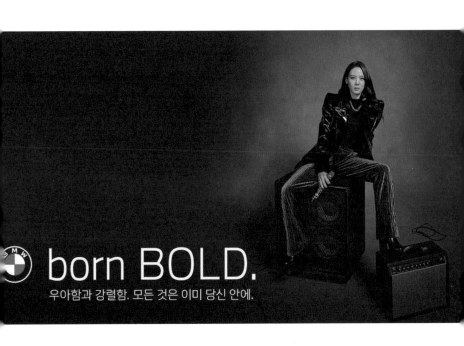

born BOLD.
우아함과 강렬함. 모든 것은 이미 당신 안에.

브랜드 메시지를 대변할 수 있는 인물들과 함께 진행한
'본 볼드born BOLD 캠페인'.

BMW 코리아에서 일한다는 것

팀장님은 그동안 어떤 커리어를 밟아오셨나요?

———

2년 정도 에이전시를 경험한 후 BMW 코리아 마케팅팀에 입사해 커뮤니케이션 담당으로 자동차 업계에서 일하기 시작했습니다. 마케팅팀에서 커뮤니케이션, 디지털 마케팅, 이벤트 마케팅, 리테일 마케팅을 경험하고 상품기획팀으로 옮겨 고급차 부문을 담당했어요. 다시 팀장직으로 마케팅팀에 복귀한 후 현재까지 일하고 있습니다.

자그마치 18년이라는 시간 동안 BMW 코리아에서 일한다는 것은 팀장님에게 어떤 의미인가요?

———

한 직장에 오래 근무한다는 건 단순한 일터의 개념을 넘어 평생 지키는 하루의 중요한 루틴 같다는 것이 가장 적합한 표현 같습니다. 그런데 그 익숙하고 오래된 루틴 속에서 새로운 점을 발견하고 배울 점을 찾아낸다는 것이 흥미롭고 즐겁습니다. 아마도 이건 BMW 브랜드와 BMW 코리아 문화가 주는 매력이 아닐까 싶습니다.

BMW 코리아는 브랜드의 철학과 가치를 지키기 위해 어떤 노력을 하고 있나요? 팀장님이 실제 업무에서 적용하는 의사결정 기준이 궁금합니다.

———

브랜드는 결국 환경에 맞춰 변화하는 생물이라고 생각해요. 고객 중심으로 혁신적인 변화를 꾀하는 'BMW 리테일 넥스트'처럼요. BMW 코리아는 기획안을 실행하기에 앞서 원점으로 돌아가 우리 브랜드의 아이덴티티에서 벗어나지 않는지 다시 점검하는 작업을 꼭 거칩니다. 브랜드의 철학과 근본 없이는 아이덴티티가 생길 수 없다고 믿기 때문입니다. 2022년에는 '뉴 브랜드 모델'을 전 세계에 소개했습니다. 이를 위해서 '프로이데freude'라는 독일어를 빌려와 핵심 가치를 만들었어요. 정확하게 번역할 수 없지만, 영어의 '조이joy(기쁨)'와 가장 비슷한 의미 같아요. 요즘 고객들은 사전적인 의미의 '조이'보다 한 걸음 더 나아간 그 무언가를 중요하게 생각하거든요. 프로이데를 중심으로 만들어진 우리 브랜드 메시지들을 다양한 매니페스토manifesto들을 통해 고객과 소통하고자 노력합니다.

프로이데의 가치는 브랜드의 SNS를 통해 소통하는 모든 것에 반영되고, '본 볼드' 캠페인에도 일부 반영되었어요. 또한 현재 진행 중인 '#WhateverHappens' 캠페인, 앞으로 출시될 새로운 5 시리즈의 캠페인 등에서 지금의 주 타깃 층과 MZ세대들, 그리고 더 나아가 고객이 될 미래 세대가 BMW 브랜드를 공감할 수 있도록 커뮤니케이션하고 있습니다.

기술력도 중요하지만 인간 중심적인 내용도 함께 균형을 맞추려고 노력하고 있어요. 예전에는 브랜드가 자신의 사회적 위치를 대변하는 매개체이자 상징이었다면, 지금은 사용자가 브랜드에 스스로를 투영하며 나 자신이라고 여기죠. 브랜드의 핵심 가치와 아이덴티티를 지키는 동시에 사용자의 결에 맞춰 유연하게 변화하고 있습니다.

여러 캠페인을 주도하시다 보니 빠르게 변화하는 트렌드를 다 꿰고 있으실 것 같아요. 팀장님은 요즘 어떤 브랜드를 눈여겨보시나요?

——

BMW의 조직원으로 반평생 살아오다 보니 가장 많이 보는 브랜드는 역시 BMW예요. 이외에 다른 브랜드가 있다면 벤츠겠네요. (웃음) 100년 넘게 경쟁하다 보니 그들에게도 배울 점이 있다고 생각해요. 그들이 삼각별 하나로 아우라를 만드는 것처럼, 우리도 우리 엠블럼의 아우라를 더욱 강력하게 만드는 브랜딩을 하기 위해 노력하고 있습니다.

제네시스 역시 눈여겨보고 있어요. 프리미엄 국산차 브랜드이기에 우리나라 사람으로서 자랑스러운 점도 있지만, 순수하게 브랜드 관점에서 봐도 흥미로워요. 프리미엄 세그먼트에 진입하려고 시도하는 후발 주자이다 보니 자신만의 전통과 프리미엄을 이야기하기 위해 고유의 아이덴티티를 가져가는 게 쉽지 않은데요. 현대자동차가 기존에 보여주었던 톤 앤 매너와는 완전히 다르면서 그 '일관성'을 지키려는 모습을 응원하고 있습니다.

이밖에 패션 업계 사람들과 네트워킹하면서 요즘에는 이탈리안 하이엔드 브랜드인 부첼라티의 행보를 흥미롭게 보고 있어요. 오랜 역사에 비해 한국에 진출한 지 얼마 되지 않은 브랜드이지만 이미 주요 럭셔리 브랜드들 사이에서는 결코 부족하지 않은 활동을 펼치고 있거든요. 개인적으로 그들만의 독특한 스타일을 좋아하기 때문에 앞으로 어떤 모습을 보여줄지 기대하고 있습니다.

좋은 브랜드가 갖춰야 할 조건은 무엇이라고 생각하시나요?
———

첫째, 아이덴티티가 명확해야 해요. 고유의 이미지 때문에 새로운 도전이 힘든 경우가 있어 양날의 검이기도 하지만, 분명한 것은 컨셉과 아이덴티티가 명확해야 한다는 것이에요. 그 대신 큰 아이덴티티 안에서 이를 표현하고 소통하는 방식이 시기에 따라 유연해야 하지요. 그런 혁신과 진화의 노력이

두 번째 자질이라고 생각합니다.

조직에 대한 이야기를 해볼게요. 팀장님은 어떤 리더인가요?

———

저는 팀에서 두 가지를 강조합니다. 첫 번째는 '항상 먼저 하자'예요. 《마케팅 불변의 법칙》에도 나오는 이야기인데, 마케팅과 브랜딩을 하는 사람은 잊지 말고 새겨야 하는 점이라고 생각해요. 두 번째는 '겟 더 잡 돈get the job done'이라는 말이에요. 어떻게든 해내보자. 할 수 있다. 계속 생각만 하기보다는 실패해도 좋으니 빨리 하자. 실패도 빨리 하면 배울 점이 있다. 이런 마음가짐을을 강조하고 있습니다.

이를 위해서는 무엇보다 추진력이 필요한데, 밤이든 휴가 중이든 가리지 말고 빠르게 연락하라고 합니다. 팀원들에게 어떤 상황이든 답을 주겠다고 약속했기 때문이에요. '빠른 소통, 답을 주고, 대응한다'라는 우리만의 원칙을 지키기 위해서는 팀장으로서 빠른 대응이 중요한 자질이라고 조심스럽게 말씀드리고 싶네요.

저는 필요할 때 항상 옆에 있어주는 사람이 좋은 리더라고 생각해서 코칭보다는 대화 상대가 될 수 있는 사람이 되고자 합니다. 때에 따라서는 '나를 따르라'는 모습도 필요하지요.

'석재우'라는 브랜드는 어떤 브랜드인가요?

——

지인들에게 물어보니 '석재우는 그냥 BMW'라고 하네요. (웃음) 저도 생각해보니 현재 제 모습은 'BMW 행동대장' 같아요. BMW 브랜드처럼 역동적으로 도전하며 새로운 것을 시도하려는 모습이 저의 삶이 되어가고 있습니다.

다시 태어나
새로이 기억되다

김효은   **LG전자 브랜드 매니지먼트 담당 상무**

"LG전자가 새로운 모습으로 변화한 이유는 지금까지 쌓아온 브랜드의 신뢰와 사랑, 그동안 믿어온 핵심 가치를 더욱 단단히 하기 위해서였어요. 이 과정이 브랜드 아이덴티티를 다시 구축하고 방향성을 재창조하는 완전히 새로운 여정이었기 때문에 '리인벤트'라는 표현을 사용했습니다."

글로벌 기업 P&G 출신의 브랜드 마케팅 전문가로
2022년 LG전자의 글로벌 마케팅 그룹 산하
브랜드 매니지먼트 담당으로 영입되었다.
현재 LG전자 글로벌 마케팅 센터에서 CES 등 중요 글로벌 이벤트와
캠페인 등 브랜드를 더 아이코닉하게 만들 브랜드 전략과
계획을 세우고 있다.

_____

LG전자, 'Life's Good'으로
다시 태어나다

상무님이 생각하시는 LG전자는 어떤 브랜드인가요?
───

LG전자는 슬로건인 '라이프 이즈 굿Life's Good'의 가치를 믿고 이를 실현하기 위해 노력하는 브랜드예요. 지금까지 이룬 수많은 이노베이션의 과정을 하나하나 뜯어보면 쉽게 된 게 하나도 없어요. 고객들의 삶을 더 좋게 만들겠다는 진심 하나로 그들의 삶을 관찰하고 분석하고 수없이 많은 도전과 실패를 하면서 끊임없이 용감하게 달려왔어요. 덕분에 '가전은 LG'라는 수식어를 만들어내며 업계를 선도하는 냉장고, 세탁기는 물론 올레드 TV와 시그니처Signature 시리즈 등 셀 수 없이 많은 혁신적인 제품이 세상에 나올 수 있었다고 생각합니다.

현재 LG전자가 가장 관심을 기울이고 있는 영역은 무엇인가요?
───

글로벌 1위 가전 브랜드로서 핵심적인 역할을 하고 있지만, 여기에 머무르면 브랜드는 더 이상 성장할 수 없어요. 2023년, LG전자는 '스마트 라이프 솔루션 기업'으로의 도약을 선포하며 집, 자동차, 상업 공간 등 고객의 삶이 이뤄지는 다양한 장소에서 더 좋은 삶을 누릴 수 있도록 혁신을 도모한다는 큰 방향성을 가지고 앞으로 나아가고 있습니다. 그런 면에서 가전과 TV뿐만 아니라 웹 OS 서비스, B2B, 모빌리티로 확장해가면서 진정한 '라이프 이즈 굿'을 이루기 위해 각 브랜드에서도 이에 발맞춰 계획하고 준비하고 있어요.

2023년 4월, LG전자의 얼굴이 새로워졌습니다. LG전자 브랜드를 리뉴얼하기 위해서 꽤나 오랫동안 준비하신 것으로 압니다. '왜', '그 시기'에 LG전자의 브랜드를 '리인벤트REINVENT'하셨나요?

———

LG전자의 브랜드 리인벤트는 시장과 고객의 변화에 적극적으로 대응하고자 하는 맥락에서 나온 결정이에요. LG전자는 그동안 TV, 냉장고, 세탁기 같은 제품 위주로 믿음을 주는 브랜드로 성장해왔어요. 혁신을 거듭하며 브랜드의 토대를 다져왔죠. 그런데 소비자 조사를 해보니 LG전자에 대해 떠오르는 이미지가 없다는 응답이 있었어요. 중장기적으로 브랜드가 전하고자 하는 가치를 최대한 담기 위해서는 더 적극적인 브랜드 커뮤니케이션이 필요하다고 판단했죠. Z세대와도 더 가까워지고 싶었고요. 게다가 세상은 끊임없이 변화하고 고객의 요구는 더욱 개인화되고 있습니다. 이럴 때일수록 고객의 감성을 세밀하게 읽고 인간적으로 반응해야 돼요. 제품이나 기술을 논리적으로 설명하는 것도 중요하지만, 그 안에 담긴 마음을 꺼내 보일 줄도 알아야 아이코닉한 브랜드가 될 수 있습니다. 그래서 가장 먼저 LG전자의 브랜드 정체성을 새로 정립했어요. 조주완 CEO는 "남는 건 브랜드와 사람뿐"이라고 말씀하실 정도로 브랜드에 관심이 많은데, 이런 가치관과 지지도 큰 역할을 했어요. LG전자의 사업이 너무 방대해서 B2B까지 고려했을 때 이 모든 것을 아우르는 브랜드 전략을 도출해 낼 수 있을까 하는 염려가 있었는데, 지금 돌아보면 잘한 것 같아요. 내부 구성원들과 CEO가 정기적으로 소통하는 CEO F.U.N First, Unique, New 토크를 통해 2022년 10월 구성원들에게 변화를 예고했고, 이듬해 4월 브랜드 커뮤니케이션 가이드 등 정리된 내용을 공유하며 국내외에 기사화했어요.

일반적으로 사용하는 '브랜드 리뉴얼', '리브랜딩' 같은 용어 대신 '리인벤트'라는 단어를 쓰신 이유가 궁금합니다.

———

LG전자가 새로운 모습으로의 변화를 도모한 이유는 지금까지 쌓아온 브랜드의 신뢰와 사랑을 바탕으로 우리가 믿어온 핵심 가치를 더욱 단단히 하고자 하기 위함이었어요. 동시에 새로운 이미지도 만들어야 했죠. 이 과정이 새로운 브랜드 아이덴티티를 구축하고 브랜드가 나아갈 방향성을 재창조하는 완전히 새로운 여정이었기 때문에 '리인벤트'라는 표현을 사용했습니다.

이 과정을 통해 고객을 포함한 다양한 이해관계자들에게 새롭게 전달하고 싶은 이미지나 메시지가 있었나요? 고객들이 체감하기에 가장 눈에 띄는 변화는 무엇일까요?

———

LG전자가 지금까지 만들어온 소중한 브랜드 자산을 새롭게 해석하고 표현해, 더욱 젊고 역동적인 느낌으로 지역과 시대를 초월한 소통을 하고 싶었어요. 중요한 변화는 여러 가지가 있지만, 그중 하나를 꼽으라면 역시 '라이프 이즈 굿'이라는 슬로건을 들 수 있겠네요. 그동안 로고 밑의 태그라인으로 항상 함께해왔지만, 그 의미가 온전히 발휘되지 못해 아쉬웠어요. 우리 브랜드가 삶의 곳곳에 영향을 미치는 데는 '라이프 이즈 굿'이라는 가치가 의미 있다고 생각했어요. 이 슬로건을 스토리텔링이나 캠페인으로 구현하는 게 이번 브랜드 리인벤트의 핵심이었죠.

그래서 이를 로고와 분리해서 로고에는 심벌과 'LG'만 사용했어요. 단순히 슬로건의 폰트만 바뀐 게 아니라 여기 담긴 이야기를 더 많이, 그리고 더 잘하기 위한 목적이었어요. 디지털

환경에 맞춰 우리 브랜드가 더 역동적으로 펼쳐지고 자산이
될 수 있도록 활용하기 위함이기도 했고요.

LG전자가 이야기하는 좋은 삶이란 어떤 모습인가요?
———

이 시대를 살아가는 사람들은 어쩌면 '삶이 좋다'는 명제와
동떨어진 일상을 보내고 있는지도 몰라요. 일상은 고단하고
힘드니까요. LG전자가 '라이프 이즈 굿'이라는 메시지를 통해
사람들에게 전달하려는 것은 무조건적인 희망과 긍정의 메시
지가 아닙니다. 때로는 고단하고 지치고 여러 도전을 마주하는
것이 삶이죠. 사실 비관하고, 안 될 거라고 생각하고, 해보지도
않는 것이 어쩌면 더 쉬운 길이잖아요. 그럼에도 불구하고 우
리 마음 한편에는 긍정의 가능성을 믿고 담대하게 도전해보려
는 용기가 있어요. 이런 긍정의 가능성을 발휘해 도전하다 보
면 '삶의 좋은 점과 가치가 보인다'는 메시지를 따뜻하게 전하

Life's Good.

LG전자의 코어이자 LG전자의 중요한 가치를 담은
슬로건인 '라이프 이즈 굿Life's Good'.

고 싶었어요.

이런 배경에서 LG전자가 지향하는 삶의 모습을 슬로건에 담았습니다. 우리 제품과 서비스를 통해 고객들의 삶을 더욱 풍요롭고 행복하게 만들겠다는 LG전자의 의지이기도 합니다.

브랜드 리뉴얼,
브랜드 리인벤트

높은 글로벌 인지도와 다양한 사업 포트폴리오를 가진 LG전자를 새롭게 하는 과정은 정말 어려웠을 것 같아요. 가장 어려웠던 것은 무엇이며, 이를 어떻게 극복하셨나요?

———

LG전자 브랜드를 새롭게 하는 일은 제가 생각했던 것보다도 더 복잡하고 어려웠어요. 특히 '무엇을 남기고 무엇을 버릴 것인가?', '남겨진 핵심 가치를 어떻게 새롭게 표현할 것인가?'를 정리하는 것이 쉽지 않았습니다. LG전자의 고객과 소비자뿐 아니라, 내부 고객인 직원들의 의견을 경청하고 고민하고 또다시 경청하며 진행했습니다. 임직원과의 깊은 대화를 통해 어떤 요소가 LG전자의 '핵심'인지, 그리고 그 '핵심'을 어떻게 더 현대적이고 새롭게 표현할 수 있을지 심도 있게 고민했습니다.

다양한 의견이 오갔지만, 우리가 만드는 브랜드의 변화가 고객의 마음을 파고들어서 삶의 다양한 순간에 우리 브랜드가 연상되면 좋겠다는 바람이 있었어요. 그 부분에 대해서는 모두 이견이 없었습니다.

변화의 과정에서도 브랜드만의 '자기다움'을 명확하게 하는 것이 매우 중요합니다. LG전자의 브랜드 아이덴티티, 즉 'LG전자다움'을 명확하게 하기 위한 과정에서 유지하려고 했던 자산과 바꾸고 개선하고 싶었던 점은 무엇인가요?

———

'LG전자다움'을 강화하기 위해서 먼저 LG전자라는 브랜드의 핵심 가치와 철학을 정의했습니다. 그 중심에는 '타협 없는 고객 경험', '인간 중심의 혁신', 그리고 '미소 짓게 하는 따뜻함'이 있었어요. 이 가치들은 LG전자가 꼭 지켜야 하고, 시간이 지날수록 성숙하고 깊어져야 할 브랜드의 기반입니다.

LG전자의 과거 이미지가 상대적으로 보수적이고 전통적인 것도 사실입니다. 이런 부분을 개선하고자 브랜드 이미지를 젊고 신선하며 역동적으로 재정의하기로 결정했어요. 브랜드의 시각적 요소들을 대대적으로 리뉴얼해 이러한 변화를 고객들이 체감할 수 있도록 했습니다.

이런 과정을 통해 LG전자가 오랜 시간 동안 쌓아온 노하우와 품질에 대한 자부심을 유지하면서도 보다 젊고 혁신적인 브랜드 이미지로 탈바꿈하는 것이 이번 브랜드 리인벤트의 가장 큰 목표였어요.

리인벤트된 LG전자 브랜드가 고객과 LG전자 구성원들의 삶을 '어떻게 좋게' 바꿀 수 있을까요? LG전자 브랜드가 꿈꾸는 미래가 궁금합니다.

LG전자의 브랜드 리인벤트가 모든 사람들이 소중한 순간을 온전히 즐기며 '좋은 삶'을 누릴 수 있도록 돕는 고객 경험 혁신의 출발점이 되었으면 좋겠어요. 우리가 삶을 대하는 자세를 좀 더 낙관적이게 하고, 어렵지만 용감하게 그 어려움을 이겨내면서 노력하게 만들고, 더불어 서로가 응원해줄 때 보다 나은 삶, 보다 나은 세상을 만들어갈 수 있다는 메시지를 전달하고 싶었어요.

또한 이번 브랜드 리인벤트가 LG전자 구성원들의 삶에도 긍정적인 변화를 가져오기를 희망하고 있어요. 새로운 브랜드 정체성을 통해 모든 구성원들이 LG전자의 비전을 더욱 명확하게 인지하고 한 방향으로 나아가면서 자신의 업무를 통해 회사의 목표를 달성하는 데 기여할 수 있으면 하는 바람이죠.

LG전자가 꿈꾸는 미래는 '더 나은 삶'이라고 요약할 수 있어요. 기술 진보와 혁신을 통해 사람들의 삶을 더욱 편리하고 행복하게 만들어 나가는 것이 LG전자의 미래 비전입니다. 이를 위해 우리는 고객과 더 적극적으로 소통하고 교감하고, 고객의 니즈를 충족하는 창의적인 제품과 솔루션을 지속적으로 선보이려고 합니다.

안에서 밖으로 향하는 LG전자의 리인벤트

브랜드는 만드는 것 못지않게 알리고 키우는 것이 중요합니다. 대개 브랜드가 새로워지면 외부에 멋있게 알리는 것이 먼저라고 생각할 텐데요. LG전자는 외부보다 내부 직원들이 경험할 수 있는 다양한 프로그램이 마련돼 있는 것으로 알고 있습니다. 이러한 방향에 특별한 이유가 있을까요?

———

내부 임직원에게 많은 투자를 하는 이유는 그들이 브랜드를 경험하는 첫 번째 고객이자, 브랜드 앰배서더이기 때문입니다. 내부 직원들이 먼저 브랜드의 가치와 비전을 이해하고 이를 일상 업무에 반영할 수 있다면, 우리가 하는 일이 더 가치

어려움 속에서도 낙관을 선택하는 LG전자의 브랜드 필름,
'담대하게 웃으며 뛰어들어보세요'.

있어지고 고객에게 더욱 강력한 메시지를 전달할 수 있을 것이라고 믿고 있어요. 조직이 크다 보니 이들에게 잘 전달할 수 있을까 하는 염려가 있는 것도 사실입니다. 자신이 일하고 있는 브랜드의 가치를 진정으로 이해한 직원은 자발적으로 브랜드를 전파하는 최고의 마케터이자 영업사원이기에 브랜드 교육, 사내 행사, 브랜드 굿즈 등을 통해 브랜드를 내재화하는 다양한 활동을 기획하고 실행하고 있습니다.

2023년 6월 오프라인에서 첫 브랜드 팝업 트럭 형식으로 '라이프 이즈 굿' 행사를 시작한 기념적인 일도 빼놓을 수 없습니다. 새로운 비주얼 아이덴티티가 반영된 브랜드 트럭이 국내 사업장을 순회하면서 점심시간을 이용해 임직원들에게 커피 및 다양한 브랜드 굿즈를 증정하며 많은 임직원들의 호응을 얻었습니다. 임직원들이 매일 일터에서, 삶에서 우리 브랜드를 느끼고 사랑하며, 자연스럽게 그들이 맡은 영역에서 우리 브랜드의 가치와 철학을 고객에게 전하는 브랜드 앰배서더가 되었으면 하는 바람입니다.

새로워진 LG전자 브랜드에 대한 국내외 반응이 궁금합니다.

———

국내외 반응 모두 대단히 긍정적이었습니다. 내심 기대는 했지만, 이렇게까지 반응이 좋을 줄은 몰랐어요. 저뿐만 아니라 우리 모두가 회사의 젊고 역동적인 모습을 기다려온 것 같았어요. 심벌을 활용한 디지털 로고 플레이에 대한 반응이 단연 돋보였습니다. 언제나 그 자리에서 조용히 나를 바라보던 LG전자의 심벌이 이제 디지털 환경에서 나를 향해 윙크도 하고, 리듬도 타고, 인사도 건네는 모습을 보며 더 젊고 역동적으로 변화한 LG전자가 단번에 느껴진다고 했어요. 본인들의 업무에도 얼른 이를 적용하고 싶다고 여기저기서 요청이 쏟아졌습니다.

뿐만 아니라 '라이프 이즈 굿'이라는 슬로건도 많은 주목을 받았어요. 전용 서체를 만들어 문장이 하나의 이미지처럼 각인되게 한 것도 반응이 좋았어요. 이번 변화를 통해 '고객 중심'이라는 브랜드 철학과 고객의 일상에 닿고자 하는 따뜻한 감성이 잘 전달되었다고 판단합니다. 기존 브랜드 컬러에 액티브 레드를 추가한 것도 반응이 좋았습니다. 무엇보다 팀이 함께 노력해서 전체 브랜드가 가치 있게 표현되었다는 것이 너무나 뿌듯합니다.

한국뿐 아니라 세계 곳곳에서 일하고 있는 LG전자 직원을 대상으로 확장해 진행한 커뮤니케이션도 있나요? 그 과정에서 인상 깊었던 나라가 있다면요?

———

유럽, 아시아, 중남미 등 해외 42개 법인과 많은 지사, 지점

국내 임직원을 대상으로 진행된 '라이프 이즈 굿' 행사.

에서 새롭게 변화한 브랜드를 알리고 있습니다. 오피스 인테리어나 신입사원 교육, 채용, 임직원들의 CSR(기업의 사회적 책임) 활동 등 조직 문화의 많은 영역에서 영향을 끼치고 있어요. 작년에 내부에 알리는 활동을 한 차례 진행했고, 현재는 이를 고객들에게 전달하는 과정에 있습니다.

각 국가마다 액티브하게 펼쳐진 '라이프 이즈 굿' 캠페인과 관련해서는 가슴 뛰는 이야기들이 많아요. 멕시코에서는 3대 방송사 중 하나인 밀레니오 텔레비지온과 협업했습니다. 뉴스에서는 주로 사건 사고를 다루지만 '좋은 뉴스도 뉴스'라는 의미에서 세상의 따뜻한 이야기들을 전하며 '라이프 이즈 굿' 슬로건을 함께 송출했죠. 얼마 전 미국에서는 LG전자 북미 사옥에서 '라이프 이즈 굿 지구의 날 기념행사'가 열렸어요. 탄소 중립에 대한 사회적 관심을 높이고 참여를 이끌어내기 위해 식물 분재 화분을 나눠주는 등 '라이프 이즈 굿'이라는 슬로건에 담긴 철학을 잘 녹여낸 다양한 이벤트를 진행했습니다. 각 나라마다 그들만의 방식으로 LG전자의 일관된 브랜드 메시지를 잘 전달하고 있는 것 같아 굉장히 뿌듯합니다.

LG전자에서 일한다는 것

LG전자의 브랜드 담당으로 일하기 전에 마케팅 사관학교라고 불리는 P&G에서 오랫동안 근무하신 것으로 알고 있습니다. LG전자로 이직한 이유가 궁금합니다. 직장을 선택하는 데 있어서 중요하게 생각하는 조건은 무엇인가요?

———

첫 직장인 P&G에서의 경험은 제게 정말 소중한 자산입니다. 재직하는 22년 동안 늘 새롭게 배우고 성장한다고 느끼며 매진할 수 있었던 곳이에요. 미국, 중국, 싱가포르, 일본, 한국 등 여러 국가에서 브랜드 빌딩을 통한 비즈니스 성장을 경험했습니다. 그 과정에서 브랜드 파워가 무한한 가치를 창출할 수 있다는 것을 체험했죠. 그동안의 경험을 토대로 LG전자의 성장에 기여하고, 나아가 대한민국의 산업 성장에도 이바지했다는 자부심을 얻고 싶었어요. 물론 새로운 회사에서 배우고 성장하고 싶기도 했고요.

일터를 선택할 때는 여러 조건을 잘 따져보고 신중히 판단해야 하지만, 무엇보다 스스로 정말 '즐겁게 열정을 가지고 일할 수 있는 곳'인지 고려해야 한다고 생각합니다. 그렇지 않다면, 일하는 시간이 괴롭거나 행복하지 않을 테니까요. '라이프 이즈 굿'을 실현하기 위해서도 꼭 고민해야 하는 부분입니다.

LG전자에서 일한다는 건 어떤 의미인가요?

———

LG전자는 전 세계적으로 잘 알려진 글로벌 브랜드이지만 우리나라를 기반으로 한 브랜드라는 점에서 대한민국 국민으로서 많은 자긍심을 느끼며 일하고 있습니다. LG전자를 전 세계에 알리고, 전 세계 고객들에게 영향력을 끼치는 브랜드로 만드는 데 미약하나마 기여했다는 것이 저에게는 큰 기쁨이고 자랑입니다. 이런 부분에서 많은 동기부여를 얻고 있어요.

엄청난 강도의 여러 업무를 동시에 관리하고 수행하실 것 같은데요. 그러다 보면 지치지는 않으시나요? 상무님을 움직이게 하는 원동력은 무엇인가요?

———

제가 하는 일이 가치 있다고 생각하면 확실히 동기부여가 됩니다. 사실 아침에 일어나는 건 여전히 힘들어요. 알람을 다섯 개씩 맞춰놓을 정도이지요. (웃음) 그래도 막상 출근해서 할 일을 생각하다 보면 힘이 솟아요. 이 일을 어떻게 해내야 할지 풀어가는 과정에서 저 역시 성장하고 있습니다. 일의 결과로 우리 브랜드를 보며 행복을 느낄 고객을 생각하면 동기부여가 되더라고요. 일 외적으로 스트레스를 풀 수 있는 명확한 무언가를 가지고 있는 것도 굉장히 중요해요. 저에게는 그것이 가족과 운동이에요. 신앙심도 큰 힘이 되어주고요.

조직 내에서 상무님은 어떤 리더이신가요? 글로벌 기업에서 브랜드를 담당하는 리더로서 꼭 지키고자 하는 원칙과 기준이 궁금합니다.

———

저는 사람 중심의 리더가 되기 위해 노력합니다. 큰 조직일수록 팀원들의 목소리를 듣고 그들의 아이디어와 능력을 이끌어내 각자의 역량을 최대한 발휘할 수 있도록 돕는 것이 중요하다고 생각해요. 팀원 개개인이 또 각 팀이 각자 맡은 영역에서 그 누구보다 전문가가 되고, 직급에 상관없이 생각하는 바를 편하게 이야기할 수 있는 환경을 만들려고 노력하고 있지요. 예를 들어, '내가 이 말을 해도 괜찮나' 생각하곤 하는데, 잘못된 대답은 없어요. 누구나 적극적으로 자유롭게 이야기할 수 있는 분위기를 만들려고 합니다.

더불어 리더인 저보다는 실제로 프로젝트를 담당하고 실행하는 구성원이 해당 프로젝트를 더 잘 안다고 생각하기 때문에 자신감을 심어주며 좀 더 주도적으로 생각을 펼치도록 독려하고 있어요. 쉽진 않지만 이런 과정을 거치다 보니 팀원들도 편하게 느끼면서 자연스럽게 자신의 의견을 말할 수 있는 문화가 자리 잡는 것 같아요.

'김효은'이라는 브랜드는 어떤 브랜드인가요?

─────

'Passion.' 저를 가장 잘 대변하는 단어는 '열정'입니다. 많은 것을 펼쳐서 하지는 못하더라도, 제가 맡은 핵심 과업은 꼭 이루겠다는 목표가 있어요. 개인적으로 과거 P&G에서 근무할 때도 항상 몰입해서 일했던 것 같아요. 맡은 브랜드를 제대로 키워봤고, 그 과정에서 열정이 저를 다시 앞으로 나아가게 하는 연료가 되었어요. 무엇보다 요즘에는 LG전자라는 브랜드를 아이코닉하게 만들고, 세계 속에서 한 걸음 더 도약하게 만들기 위해 제 모든 것을 걸고 노력하고 있습니다. 앞으로 LG전자의 더욱 젊고 새롭고 역동적인 모습을 많이 기대해주시기 바랍니다.

62년 그룹 역사를
리브랜딩하다

최의리　　　　　　삼양라운드스퀘어 브랜드전략실장

"매출이 2배가 되었고 5,000억 원이던 회사의 가치가 1조 원이 되었어요. 다른 먹거리가 넘쳐나는 이 시대에 반도체도, 전기차도, 심지어 가상화폐도 아닌 라면 회사가 3년 만에 이런 성장을 이뤄내다니 말이 되나요?"

브랜드와 마케팅 분야에 17년째 몸담고 있는 최의리 브랜드전략실장.
전략과 실행을 모두 경험한 흔치 않은 사례로,
업계에서 탄탄하게 경력을 다져왔다.
삼성 에버랜드를 시작으로 P&G, BAT에서는
비즈니스 관점에서 마케팅 플랜을 세우고 실행하며
매출을 달성하는 일을 했으며, CJ와 신세계(이마트)에서는
브랜드 전략을 세우는 일을 했다.
현재는 삼양라운드스퀘어(삼양식품그룹의 지주사)에서 리브랜딩을
총괄하고 삼양식품에도 겸직하며 개별 포트폴리오 브랜드 마케팅 전략을
총괄하며 그간의 경험을 총망라하는 일들을 하고 있다.

이름부터 바꾼 삼양라운드스퀘어의
거대한 움직임

삼양라운드스퀘어는 어떤 브랜드인가요?

———

삼양라운드스퀘어는 62년 역사를 가진 회사예요. 잘 아시는 삼양식품을 포함해 목장, 냉동, 로지스틱스, 패키지 등 다양한 영역을 아우르고 있죠. 엄연히 '그룹'이긴 하지만 삼양사에서 먼저 그룹명을 등록하고 사용하고 있어서 '삼양식품그룹'이라는 애매한 이름을 사용하고 있었어요. 이러한 상황에서 회사가 양적, 질적으로 급성장했고 패러다임 자체를 전환해야 하는 시점이 되었어요. 이때 우리를 명명하는 이름을 제대로 정하자는 관점에서 그룹과 지주사(삼양내츄럴스)의 이름을 '삼양라운드스퀘어'로 바꾸었습니다.

역사가 있는 브랜드인 만큼 오랫동안 삼양식품을 키우고 지켜온 분들이 계실 텐데요. 사내에 변화를 우려하는 목소리는 없었나요? 리브랜딩의 시작점이 궁금합니다.

———

조직원의 평균 연령이 31~32세예요. 전통을 중시하는 식품 업계에서는 매우 이례적인 경우이지요. 그 이유는 불닭볶음면에 있다고 생각합니다. 불닭볶음면 덕분에 조직적으로 큰 파동이 있었고, 변화를 시도하기에 좋은 토양이 마련되었어요. 잘되고 있는 상황에서 더 잘하려고 하는 것은 확실히 달라요. 받쳐주는 에너지가 다르거든요. 매년 기록을 경신하며 성장하는 상황에서 대부분의 구성원들은 우려보다는 브랜드의 변화에 목말라 있었습니다. 저는 이 모멘텀을 효과적으로 이용하고 싶었어요.

다만, 새롭게 바뀐 브랜드에는 다소 형이상학적인 방향이 있는데, 내부에서도 이게 맞는지 많은 이야기가 있어요. 브랜딩이라는 건 누구나 평가할 수 있잖아요. 마치 국이 짜다, 싱겁다 할 수 있듯이요. 위대한 브랜드는 집단지성도 중요하지만, 결국 이를 책임질 브랜드 오너가 얼마나 리스크를 감수하고 지속가능하도록 이끄느냐, 얼마나 다양한 방식으로 실현하며 설득하느냐가 성패를 가른다고 생각해요. 그런 관점에서 누구보다 보수적이고 내수산업이라고 여겨지는 라면, 그리고 식품 브랜드가 이러한 도전적인 변화를 이뤄내는 것은 정말로 쉽지 않고 흔하지 않습니다.

니즈가 있는 것과 실행해내는 것은 다르다고 생각합니다. 갈망을 실행으로 옮길 수 있었던 가장 강력한 계기는 무엇이었나요?
———

269

'바꿔야겠다'는 최고경영진의 의지가 가장 컸습니다. 라면이라는 제품의 의미 자체가 완전히 바뀌고 있었거든요. 옛날에 라면은 한 끼 식사 대용이었어요. 싸고 간편하게 먹을 수 있는 음식이었죠. 그런데 이제 라면은 원할 때 언제든 먹는 '스낵'으로 바뀌었어요. 이렇듯 라면의 개념과 먹는 TPO가 바뀐다는 것은 음식 본질의 변화로 이어집니다. 이러한 변화를 따라가려면 기존 사고방식과 프로세스를 따르는 것 혹은 세부적인 트렌드 한두 개를 따르는 것으로는 부족해요. 이러한 깨달음은 불닭볶음면의 성공을 통해 조직 내에 체득되어 있었습니다. 지난 10년간 짜릿한 경험을 한 것이지요.

더불어 내부 구성원들의 동참도 있었습니다. 제가 입사한 이후 2년 만에 매출이 2배가 되고 5,000억 원이던 회사의 가치가 1조 원이 되었어요. 다른 먹거리가 넘쳐나는 이 시대에 반도체도, 전기차도, 심지어 가상화폐도 아닌 라면 회사가 이런 성장을 이뤄내다니 말이 되나요? 이러한 양적·질적 성장을 보며 직원들도 예전과 다르다고 느끼게 된 것이죠. 1조 원이라는 심정적인 임계도 있어요. 기준에 따라서는 1조 원이 크지 않을 수 있어도 하나의 상징적인 이정표가 될 수 있기에 회사를 담을 새로운 그릇이 필요하다는 생각을 함께한 것이죠. 에너지가 끓어서 터지기 직전이니 새로운 옷을 입혀줘야 한다는 관점에서요. 상투적인 말로 들릴 수도 있지만 정말이에요. 이를 위해 새로운 인재도 많이 영입했고, 하드웨어 측면도 빠르게 업그레이드하고 있습니다.

리브랜딩을 진행할 때 기존 브랜드에서 유지해야 하는 것과 바꿔야 할 것이 있을 텐데요. 삼양라운드스퀘어를 재정립하는 과정에서 어떤 것을 지키고 어떤 것을 바꾸셨나요? 그 기준이 궁금합니다.

─────

삼양식품은 외부적으로도 리브랜딩이 필요했어요. 소비자 조사 결과, 삼양식품의 브랜드 이미지는 무색무취였어요. '알긴 아는데 잘 모르겠다, TOM Top Of Mind (소비자가 여러 경쟁 브랜드 중 맨 처음에 떠올리는 브랜드)이 아니다, 정체된 것 같다, 왜 광고를 잘 안 하냐'라는 반응이었죠. MZ세대에게 인기 있는 불닭볶음면을 삼양식품에서 만드는지 모르는 사람들도 많았어요. 기업과 소비자 사이에 단절이 있었던 거죠. 이러한 상황에서 좋든 싫든 새로운 의미와 상징을 부여해야겠다고 생각했어요. 소위 무플보다 악플이 낫다는 말도 있잖아요.

삼양식품은 그 역사가 60년이나 된 기업이에요. 오래된 브랜드에 함부로 손댄다는 건 위험한 일이죠. 하지만 오래된 브랜드일수록 '당대 소비자들에게 그 역사가 얼마나 의미 있는 방식으로 재해석되는가', 그리고 그것을 '미래에 잘 적용하는

가'가 핵심이에요. 역사와 변화의 만남이 잘 이루어지는 것이 중요합니다. 과거에 사로잡혀 근본적인 스토리를 만들어내지 못하면 소비자에겐 의미 없는 변화일 뿐이고, 반대로 변화에 과다 몰입해 의지만으로 브랜딩한다면 적합성relevance이 떨어진 별나라 이야기가 될 수 있으니까요.

그룹의 리브랜딩은 업계 전체로 보아도 흔치 않은 사례인데요. 그룹의 리브랜딩을 할 때 실장님이 생각하시는 핵심은 무엇인가요?

———

당연히 그룹의 브랜딩이 개별 브랜드보다 훨씬 더 큰 가치를 담아야 해요. 100억 원 매출의 상품과 1조 원짜리 기업 가치를 만드는 건 전혀 다른 일이니까요. 하지만 어떤 면에서는 사실 개별 브랜드의 브랜딩과 크게 다르지 않아요. 조금 다르면서도 중요한 차이점이 있다면 트렌드 기반의 소비자 니즈를 토대로 하는 게 아니라 세상의 패러다임 전반을 살펴야 한다는 것이죠. 그룹의 브랜딩이 더 어렵고, 좋고, 훌륭한 작업이라는 것이 아니라 성격적으로 훨씬 더 큰 관점에서 접근해야 한다는 의미예요.

때문에 알리는 방식도 단순하고 강력해야 돼요. 제품을 판매할 때는 구구절절 별의별 이야기를 다 하지요. 그런데 그룹

변화와 함께 새로운 모습으로 등장한 삼양라운드스퀘어.

은 브랜드의 메시지, 심벌 등 사람들이 이해하기 쉽도록 간결하고 명확하게 표현해야 해요. 삼양라운드스퀘어의 BI나 광고도 그러한 관점에서 풀었어요.

변화하는 삼양라운드스퀘어, 그 과정을 담다

기하학적이면서도 직관적인 삼양라운드스퀘어의 새로운 BI가 인상 깊습니다. 라운드와 스퀘어가 함께 쓰인 것이 오묘한 듯 잘 어우러지는 것 같고요. 이러한 결과가 나오게 된 과정은 어떠했나요? 다른 시안이 있었는지도 궁금합니다.

———

의외로 굉장히 쉽게 결정되었어요. 특히 네이밍은 가안으로 가져갔는데 바로 결정됐지요. 다른 의견도 있었지만 그럴수록 '삼양라운드스퀘어' 네이밍에 대한 확신이 강해지더라고요. 경영진이 생각하는 내부의 우선순위에도 부합하고, 누가 봐도 이해하기 쉽게 정리했어요. 핵심은 동그라미와 네모, 두 이질적인 것의 '융합'이었지요. 그래서 로고에 있는 동그라미와 네모보다는, 겹쳐진 반원도 달도 아닌 간질간질한 모양과 사이즈가 중요한 포인트인데요.

사실 현장의 디자이너들 사이에서는 로고에 대한 우려가 있었어요. 패키지상의 프린트 품질이 어떠한지에 따라 디자인이 잘 안 보일 수도 있다, 교집합 부분이 배경에 따라 사용성이 좋지 않다는 의견이 있었지요. 그럼에도 불구하고 이 BI를 유지한 이유는 그만큼 '융합'의 의미가 중요하기 때문이에요. 삼양라운드스퀘어가 말하는 과학기술과 문화예술의 만남으로 어떤 때는 충돌하고, 조화를 이루기도 하며, 생각지도 못하게 발생하는 시너지와 파괴력을 시각적으로 잘 표현했죠. 그래서 리스크가 있음에도 강한 믿음과 지지 덕분에 세상에 나올 수 있게 되었습니다. 결과적으로는 실제 활용하는 데 있어서도 큰 문제없이 순항하고 있습니다.

로고의 동그라미와 네모를 조합하는 과정에서 주목할 만한 비하인드 스토리가 있으셨다고요.

————

원래는 네모와 동그라미의 크기가 같았어요. 그래서 겹쳐진 부분이 딱 반원 모양이었죠. 그런데 굉장히 지루하고 답답해 보이더라고요. 그래서 동그라미의 크기를 키웠어요. 그룹의 차세대 리더인 전병우 본부장께서 직접 아이디어를 내서 레오나르도 다빈치가 그린 비트루비안 맨Vitruvian Man의 황금 비율을 동그라미와 네모에 그대로 적용했죠. 황금 비율은 수학

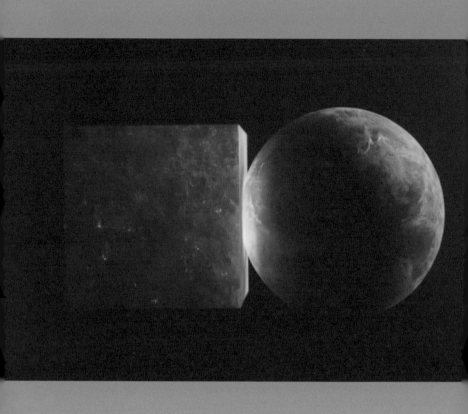

둥근 라운드 행성과 각진 스퀘어 행성의 만남으로
탄생한 삼양라운드스퀘어.

적 난제를 인문학적으로 해결한 것이거든요. 이러한 맥락은 우리가 이야기하는 것과 매우 유사해요. 과학기술과 문화예술의 만남, 그것을 시각적으로 보여주는 데 황금 비율은 신의 한 수인 것이죠. 삼양라운드스퀘어의 BI는 보면 볼수록 신기해요. 이 간단한 생각을 도형으로 조합한 것인데 볼 때마다 다르고 오묘하고 말로 형언하기 어려운 소위 '뭔가가 있는 것' 같아요. 시간이 흐르고 사람들의 눈에 익으면 다르게 해석되겠죠?

브랜드를 담당하시면서 소비자, 내부 등 많은 사람들의 이야기를 들으실 텐데요. 어디까지 반영하고 선을 긋는지, 어떻게 균형을 잡는지 궁금합니다.

———

BI 리뉴얼을 위해 핵심 시장 4개 국가에서 각각 600명을 대상으로 소비자 조사를 진행했고, 국내에선 IDIIn Depth Interview(개별 심층 인터뷰), FGDFocus Group Discussion(표적집단 심층면접)도 많이 진행했어요. 조사 데이터 자체가 중요하다기보다는 이를 통해 하나의 '키워드'를 잡는 게 중요해요. 사람들의 한마디 한마디에 귀를 기울이는 것이 아니라 반복되는 키워드, 반복되더라도 우리의 방향성과 하나로 꿸 수 있는 키워드를 찾는 데 집중했습니다.

예를 들어, 건기식(건강기능식품)과 건강한 라면 등의 이야기가 나왔는데, 그냥 보면 공통점이 없어 보이지만, 그것을 하나로 꿰어보니 '푸드 케어'라는 인사이트를 얻어낼 수 있었어요. 또 광고, 콘텐츠, 먹방 등의 이야기를 하나로 꿰어 음식을 먹는 것 자체가 놀이이자 문화가 되는 '이터테인먼트 (eat+entertainment)'가 나왔고요. 여러 의견을 듣고 반영하는데는 사실 엄청난 비용과 시간이 들지만, 우리의 가설을 확신하고 강화하기 위한 중요한 과정이라고 생각해요. 동시에 브랜드로서 필요한 스킨십이자 제스처라고 생각하고요.

요즘엔 리테일의 새로운 공식처럼 브랜드가 이슈를 만들기 위해 팝업스토어를 오픈하는 경우가 많습니다. 비교적 비용이 드는 마케팅 기법인데요. 최근 '삼양라운드스퀘어 라면연구소' 팝업스토어를 오픈하셨는데, 이를 어떻게 생각하고 어떻게 활용하셨는지요?

———

남들이 하니까 따라서 하는 팝업스토어는 문제가 있다고 생각해요. 하지만 우리가 이루고자 하는 목표와 맞닿아 있다면 안 할 이유가 없지요. 한정된 기간에 진행된다는 점은 아쉽고 공간의 모든 것들이 비용이기 때문에 만만치 않지만, 고객의 반응이 선명하게 눈에 보인다는 게 장점인 것 같아요. 브랜드가 말하려는 메시지를 일대일로 전달할 수 있다는 것도 큰

삼양 라면의 역사를 한눈에 보여주며 새로운 시작을 알린
'삼양라운드스퀘어 라면연구소' 팝업스토어.

성과고요. 팝업스토어 하나만으로 다 될 거라는 '팝업 만능주의'는 위험한 생각입니다만, 결국 할 거라면 최고의 효과를 낼 수 있도록 시기와 위치를 명확히 해야 한다고 봅니다.

최근에 성수동에서 팝업스토어를 진행했는데, 원래 이런 활동을 하지 않았던 브랜드여서 그런지 사람들에게 새롭다는 인상을 준 것 같아요. 팝업스토어를 선보인 날 '삼양라운드스퀘어'의 네이버 검색률이 400% 올랐습니다. 정량적으로, 정성적으로 확실히 눈에 보이는 성과가 있었던 것 같아요.

삼양라운드스퀘어에서 일한다는 것

삼성그룹, P&G 코리아, CJ, 신세계그룹 이마트 등 다양한 분
야에서 직무를 경험하셨는데요. 여러 회사로 이직하시게 된 기
준이 있으신가요?

———

직전에 몸담았던 조직인 신세계에선 지속적으로 새로운
프로젝트를 맡아 정말 다양한 영역을 넘나들며 일했어요. 보
다 더 주인의식을 가지고 브랜드를 만들어 키우고, 소비자의
반응을 얻고, 내외부의 인정을 받으며 즐겁게 일했습니다. 하
지만 브랜드 일을 하는 사람은 소비자가 있는 곳에 존재해야
한다는 것이 제 생각이에요. P&G에서는 뷰티 관련 브랜드를
담당했어요. 100년이나 된 공룡 같은 글로벌 회사의 시스템과
프로세스는 너무 훌륭했죠. 많이 배우고 경험할 수 있는 시간
이었어요. 결론적으로 많은 회사를 거쳤지만 싫어서 나온 곳
은 한 곳도 없어요. 다만, 회사와 개인이 서로 주고받을 수 있
는 가치가 시기마다 다르기 때문에 이직은 개인뿐만 아니라
조직을 위해서도 필요하다고 생각합니다.

최근에는 업의 본질과 경계가 모호해지고 있어요. 라면 회
사에서 이터테인먼트를 말하고 있는 지금, 한 회사에 하나의

전문성만 필요한 것은 아니라고 생각해요. 그런 방면에 있어 회사도, 일하는 개인도 좀 더 개방적인 생각을 해야 한다고 봅니다.

그동안의 경력이 리브랜딩을 총괄한 이번 프로젝트와 연관이 있을까요? 어떤 이유로 지금 조직에 합류하셨는지도 궁금합니다.

——

세 가지 이유로 말씀드릴 수 있을 것 같아요. 첫 번째는 브랜드 전략의 성패는 브랜드 오너와의 접근성이 보장되느냐에 달려 있습니다. 의사결정에 너무 많은 사람들이 관여하면 산으로 갈 수 있거든요. 삼양식품의 오너 3세이신 전병우 본부장님이 직접 스카우트 제의를 하셨고 수차례 가벼운 미팅을 가졌는데, 그때마다 공유해주신 그분의 미래 비전에 저 스스로 동의할 수 있었어요. 현실적으로는 먼 이야기일 수 있지만 제가 일조하고 싶다는 생각을 했습니다. 오너와 밀접한 관계와 거리에서 의견을 교환하며 이를 재해석해 충분히 펼쳐낼 수 있을 것 같았거든요. 그래서 회사에 합류하게 되었어요. 그 어떤 회사에서보다 효율적이고 효과적으로 일하고 있다고 생각합니다.

두 번째는 제가 하는 마케팅, 브랜드의 일은 사실 멋진 것만 계속하면 질려요. 그리고 이 분야에서 일하는 사람들은 당대의 소비자가 가장 몰입하고 관심 갖는 영역에 있어야 그 가치가 발현되는데, 문제는 그 영역이 시장의 진화와 시간의 흐름에 따라 지속적으로 변한다는 것입니다. 예전에는 한 기업에서 오래 근무하면 그것을 '전문성'이라고 인정했지만 이제는 한 영역에만 있으면 그 흐름에 동참하기 힘들고 결과적으로 소비자의 라이프스타일과 멀어진다는 문제가 있을 수 있습니다. 그동안은 그 흐름에 따라 소비재, 유통, 레저, 콘텐츠 등을 경험했고 현시점에 국내 B2C 기업 중 가장 주목받고 빠르게 성장하는 조직이라는 생각에 삼양식품그룹의 브랜드 전략을 담당하고 싶었어요.

세 번째는 회사의 규모예요. 대기업은 큰 시스템 아래 돌아가다 보니 개인이 전략가나 마케터로서 의미 있는 변화를 일으키기가 쉽지 않아요. 10년 차쯤까지는 제가 어느 회사를 다니는지가 중요했습니다. 그런데 이제는 제가 무엇을 할 수 있는지가 더 중요한 것 같더라고요. 그러려면 상대적으로 저 스스로 영향력을 미칠 수 있는 곳에서 기회를 찾는 것이 좋겠다는 생각이 들었습니다.

브랜드의 전략을 세우는 것을 총괄하기 위해서는 남다른 넓은 시야가 필요할 것 같아요. 지금 실장님의 의사 판단에 영향을 준 관점을 어떻게 쌓아오셨는지 궁금합니다.

저는 굉장히 소비지향적인 사람이에요. 버는 건 거의 다 쓰고 사는 스타일이에요. (웃음) 장난 삼아 이야기하지만 기본적으로 소비자로서 소비를 싫어하는 사람은 그 관점을 갖지 못한다고 생각해요. 내 돈을 써보지 않았는데 다른 사람이 특정 상품에 지불할 수 있는 최고 금액을 이야기할 수 있을까요? 소비 없이 이 업계에서 일을 잘할 수 있다고는 말하기 쉽지 않을 것 같아요. 직간접 경험 없이 책상에서 하는 일에만 몰입한다면 지나친 일반화, 합리화만 난무할 거라고 봅니다. 그래서 작게는 맛집부터 여행, 문화생활 등 많은 '내돈내산'을 실천하며 살고 있습니다.

그리고 다른 리더들을 보며 많이 배웁니다. 감사하게도 제가 일하는 방식, 가치관에 영향을 주는 리더가 3~4년에 한 번씩 나타났어요. 삼양에 온 이후로는 전병우 본부장님, 김정수 부회장님이 저에게 확실한 영감을 주고 있어요. 전공은 다르지만 기업가 내지 오너들이 직감적으로 체득하는 감각들이 있어요. 거기서 많은 것들을 배웁니다. 작게는 언행도 따라 하고요. 일하는 동안만큼은 동기화되는 것이 중요하다고 생각해요.

마지막으로 다른 업계에서 일하는 사람들과의 네트워크에서도 얻는 것이 많아요. 특히 에이전시 파트너를 중요하게 생각합니다. 일하는 동안 함께하는 사람들과 서로 주고받을 수 있는 영감이 있어요. 현재 브랜드의 방향성을 다루는 포지션이다 보니 사람들과의 교류가 더욱 중요하게 느껴집니다.

실장님은 어떤 리더이신가요? 조직에서 바라는 좋은 리더가 되기 위해 꼭 지키고자 하는 원칙이나 기준이 있으신가요?
———

되게 혹독한 편인 것 같아요. 지주사이기 때문에 기업 차원의 가치까지 크고 넓게 생각해야 해요. 같이 일하는 파트너, 에이전시 분들과 협업하려면 항상 그 위에서 방향성을 제시해야 하죠. 그렇기 때문에 수직, 수평적으로 전체를 볼 수 있는 관점이 필요한데요, 참 어려운 일이에요. 구성원 모두가 경력직인 이유죠. 지주사이기 때문에 더욱 전문성을 가져야 한다고 저희 조직원들에게 강조합니다. 그러한 관점에서 조직 내 다양한 이해관계자들에게 도움이 되려고 합니다. 막힌 문제가 있다면 설득을 하든, 힘을 실어주든 다양한 방법으로 말이죠. 그러려면 다시 한번 강조하지만 '전문성'에 기인한 리더십이 매우 중요하다고 이야기해요.

실장님이 생각하시는 좋은 브랜드란 무엇인가요? 좋은 브랜드의 기준이라면 어떤 것이 있을까요?
———

제가 많이 쓰는 단어 중 하나가 '선망성'이에요. 가격은 중요하지 않아요. 물티슈 하나를 팔아도, 몇천만 원짜리 버킨 백을 팔아도 선망성이 있어야 된다고 생각합니다. 브랜드는 갖고 싶고, 가고 싶고, 사고 싶고, 경험하고 싶어야 해요. 인간은 소비를 통해서 자신의 부족한 점을 채우거든요. 결국 브랜드는 내가 더 멋지게, 더 트렌디하게 보일 수 있도록 표현하는 매개체가 되어야 한다고 생각해요.

그런 관점에서 많은 사람들에게 오랫동안 사랑받기 위해서는 먼저 '에이지리스ageless', 세대를 초월해야 돼요. 소위 말하는 남녀노소이지요. 남녀노소라는 말을 쉽게 생각하는 경향이 있는데, 사실 엄청 중요한 말이에요. 에이지리스는 사람을 인구통계학적으로 바라보는 게 아니에요. 나이가 많고 적고로 사람의 특성을 구분할 순 없거든요. 요즘처럼 취향에 의한 소비가 대세인 상황에서 나이의 경계가 없는 접근은 매우 중요하다고 생각합니다.

두 번째는 '클래스리스classless', 계급이 없어야 해요. 지금 오너들을 보좌하고 있는데, 사실 이분들은 되게 검소하세요. 저 자신을 돌이켜보면 반성하게 되더라고요. (웃음) 제가 느낀 건 소비는 라이프스타일 관점에서 각자 중요하게 생각하는 가치에 대한 것이지, 가격과 경제력에 대한 게 아니라는 것이에요. 그래서 클래스리스는 너무도 중요하지요. 계급으로 접근성을

286

막는 브랜드는 촌스러운 브랜드라고 생각해요. 아무리 명품이라 하더라도요.

마지막은 '젠더리스genderless'예요. 지금은 성별이 중요한 세상이 아니에요. 패션을 비롯한 라이프스타일 전반에서 남자나 여자가 해야 하는 것, 혹은 더 좋아할 것 같은 것의 경계가 없어지고 있어요.

'최의리'라는 브랜드는 어떤 브랜드인가요?
———

한마디로 정의하기가 쉽지 않네요. 굳이 카피를 뽑는다면 '항상 경계선에 서 있는 사람a man on the border'이라고 말할 수 있을 것 같아요. 일의 스펙트럼이 넓다 보니 감당해낼 수 있는 영역이 넓어요. 저는 모든 관점에서 항상 경계, 중간에 서 있으려고 노력해요. 제 분야에서 소비자, 시장의 전체 '맥락'을 이해하고 다양한 영역을 아우를 수 있다는 것이 장점이더라고요. 더불어 브랜드 전략을 담당하다 보면 다양한 프로젝트를 진행하면서 바로바로 '모드 전환'이 되어야 하는데요. 저의 넓은 스펙트럼이 어떻게 보면 라면부터 테마파크, 야구단 등 여러 가지 프로젝트를 해낼 수 있었던 이유라는 생각이 드네요.

그리고 에이전시 파트너에게 더 인정받는 마케터이자 브랜드 일을 하는 사람이라고 할 수 있어요. 일을 하면 할수록 에이전시와의 협업이 중요하다는 생각이 들어요. 결국 저의 모든 전략과 방향성을 세상에 실현해주는 분들이기 때문이죠. 이번 삼양라운드스퀘어 브랜드 필름을 만들며 에이전시 분들과 많은 대화를 했고 초기부터 긴밀하게 협업한 결과, 매우 좋은 반응을 얻을 수 있었어요. (특히 김형석 작곡가 님과 가수 존박 님의 BGM이 신의 한 수였죠!) 들어가는 피드백이 다르면 나오는 성과가 달라요. 그리고 결국 이 결실은 회사의 크레디트, 오너의 크레디트, 나의 크레디트가 되지요. 그렇기 때문에 서로가 서로에게 너무 중요한 존재예요. 그래서 함께 일하는 파트너들이 저를 좋은 사람이자, 더 나아가 좋은 브랜드의 관점을 가진 사람으로 생각하는 것이 중요해요. 저 스스로도 그런 브랜드가 되고 싶고요.

존재 이유를
잃지 않아야
브랜드는 계속된다

나만의 결과물을 만들어내는 사람, 그리고 브랜드는 어떻게 끝도 경계도 없는 생각과 실천을 할 수 있었을까? 12인의 인터뷰를 통해 비로소 알 수 있었다. 생존과 성장의 필수 요소는 결국 '존재 이유'를 시장에 알리고 공감을 얻고 이를 지켜 나가는 것에 있었다.

비마이비는 2017년 3월 시작된 오프라인 기반 브랜드 커뮤니티다. 브랜드, 광고, 마케팅, 콘텐츠, 디자인 업계는 물론 창업가들까지 다양한 사람들이 모여서 매력적인 브랜드 세션을 진행하고, 자신만의 관점과 생각을 나누고 해석해서 콘텐츠를 만들어가고 있다. 시작은 두 명이 이른 일요일 아침 카페에서 만나 나눈 다양한 브랜드들에 대한 이야기였다. 이렇게 둘이 시작한 만남은 '브랜드 살롱'으로 확대되어 매주 토요일 아침 10여 명의 사람들이 'B'로 시작하는 다양한 주제(Brand, Beer, Book, Bed 등)에 대해 브랜드 관점에서 이야기 나누기 시작했다. 이후 브랜드 소셜 살롱brand social salon으로, 그리고 브랜드 싱킹 플랫폼brand thinking platform을 거쳐 현재는 브랜드 경험 플랫폼 brand experience platform으로 성장해 나가고 있다. 둘이 모여 담소를 나누는 자리가 '브랜드를 매개로 한'이라는 존재 이유를 잃지 않았기에 가능했던 것이다.

비마이비는 다양한 기업과 함께 브랜드의 고민을 해결하고 경험을 만들고 있는데, 그중 대표적인 사례가 '브랜드 팬미팅' 이다. 비마이비 멤버와 브랜드 실무자가 직접 만나 고민을 나누고 해결의 실마리를 찾는다. 이 과정에서 앞서 인터뷰에서 소개한 LG전자 올레드 TV의 브랜드 경험을 높인 '금성오락실' 아이디어도 세상에 나올 수 있었다.

앞으로도 더워터멜론www.thewatermelon.com과 비마이비www. bemyb.kr는 다양한 브랜드들이 브랜드와 사업에서 가시적인 성과를 낼 수 있도록 '브랜드 하우스'로서 끊임없이 새로운 시도를 하고 판을 짜고 고객을 연결하는 역할을 수행해 나갈 것이다. 이 책의 마지막 장을 읽는 여러분과 여러분이 만드는 브랜드가 미래에 어떤 결과를 이루어낼지 기대하며 외친다.

우리 모두 끝도 경계도 없이 파이팅!

차상우
더워터멜론 공동대표, 비마이비 공동창립자

이미지 출처

p. 19, 25 롯데칠성음료	p. 156, 161 이케아 코리아
p. 41, 44, 51 CJ제일제당	p. 181 래코드
p. 66, 71, 77 대상(주)	p. 192 솟솟리버스
p. 89, 91, 95 여기어때컴퍼니	p. 210, 213, 214 네스프레스 코리아
p. 107, 117, 252, 257, 260 LG전자	p. 232, 235, 239 BMW 코리아
p. 114, 164, 189 비마이비	p. 273, 276, 279 삼양라운드스퀘어
p. 132~133, 136, 141 시몬스	

끝도 경계도 없이

초판 1쇄 인쇄 2024년 7월 22일
초판 1쇄 발행 2024년 7월 31일

지은이 우승우, 차상우, 서범석
펴낸이 최순영

출판1 본부장 한수미
와이즈 팀장 장보라
책임편집 선세영
디자인 어나더페이퍼

펴낸곳 ㈜위즈덤하우스 **출판등록** 2000년 5월 23일 제13-1071호
주소 서울특별시 마포구 양화로 19 합정오피스빌딩 17층
전화 02) 2179-5600 **홈페이지** www.wisdomhouse.co.kr

ⓒ 우승우, 차상우, 서범석, 2024

ISBN 979-11-7171-219-9 03320

"당신은 어떤 브랜드인가요?"